U0927413

信仰自己的人
终将与最好的一切相遇

//

[You deserve to have the best of everything]

你值得拥有最好的一切

爱自己，是与一切美好相遇的开始

CNS PUBLISHING & MEDIA 湖南文艺出版社 HUNAN LITERATURE AND ART PUBLISHING HOUSE

图书在版编目（CIP）数据

你值得拥有最好的一切 / meiya著. —长沙：湖南文艺出版社, 2014.11
ISBN 978-7-5404-6921-4

Ⅰ. ①你… Ⅱ. ①m… Ⅲ. ①随笔—作品集—中国—当代 Ⅳ. ①I267.1

中国版本图书馆CIP数据核字（2014）第230550号

上架建议：畅销·文学

你值得拥有最好的一切

作　　者：meiya
出 版 人：刘清华
责任编辑：薛　健　刘诗哲
监　　制：于向勇
策划编辑：刘　伟
营销支持：刘　健
版式设计：利　锐
装帧设计：WONDERLAND 仙境 QQ:344581934
封面摄影：@刘顺儿妞 @77的TTTina酱
出版发行：湖南文艺出版社
（长沙市雨花区东二环一段508号　邮编：410014）
网　　址：www.hnwy.net
印　　刷：北京鹏润伟业印刷有限公司
经　　销：新华书店
开　　本：700mm×1000mm　1/32
字　　数：210千字
印　　张：10.5
版　　次：2014年11月第1版
印　　次：2014年11月第1次印刷
书　　号：ISBN 978-7-5404-6921-4
定　　价：36.00元
（若有质量问题，请致电质量监督电话：010-84409925）

你 值 得 拥 有 最 好 的 一 切

目 录

当我开始爱自己

001

当你真心渴望时

105

岁月让你遇见对的人

205

[You deserve to have the best of everything]

序 好好爱自己

某一天，我去一位女友家里做客，看到客厅的一角摆着一只精致的花瓶，里面插着一大束香水百合，我觉得很美，就夸赞了几句。女友告诉我，这束鲜花是她妈妈昨天特意买的，因为知道我要到家里来做客。她告诉我，她妈妈是个独立能干的女人，一辈子都为家庭努力付出，辛勤地养育孩子，下岗后又下海经商，现在退休了，经常邀请自己的朋友到家里聚会。

女友还告诉我，她妈妈每隔一段时间就会花一下午时间让自己好好享受生活：去美容院做 SPA，去做一个好看的发型，去装修精致的餐厅美美饱餐一顿。这一点让我印象深刻，我不禁猜测：也许正是因为这位妈妈不仅很爱孩子和丈夫，还很爱自己，所以我这位女友也学会了好好爱自己。

最近这两年，我做了两件对自己来说意义重大的事情——学习心理咨询的课程和矫正牙齿。这是我学会爱自己的表现。在心理咨询师的面试中，考官问我：你是做自由撰稿人的，为什么要学心理咨询？我告诉他们，其实我高考填志愿时就想报心理学专业，但因为家里经济条件不太好，大学毕业后不能继续依赖父母，一定要工作，我担心学心理学专业毕业后找不到工作，所以才没报考。工作了三四年，我依然很喜欢心理咨询，也想能更负责、更专业地帮助那些给我写信咨询的网友和我自己。于是，在条件和能力允许的情况下，我实现了自己的心愿。

28岁时矫正牙齿也是如此。我从小就是个龅牙妹，一直想矫正牙齿，但如果向父母提出这样的要求，我心里会充满自责和罪恶感，因为他们没有办法满足我的愿望。现在，我终于有条件了，当然要做自己的“理想父母”，满足自己的愿望，好好爱自己。

“你爱自己吗？” 我常这样问身边的朋友，有不少人不知如何回答，甚至会感到不好意思，好像爱自己是一件自私又不道德的事情。我想，这跟我们从小接受的教育有关，我们被教育要爱祖国、爱人民，学习“融四岁，能让梨”等爱他人的故事，而没有被教育要爱自己。

一个人不是天生就知道如何爱自己的，而是要先接受爱，体验过被爱，才能学会爱自己。这份爱来自我们的父母或者我们生命初期的照顾者，我们只有透过他们充满爱的眼睛，确认自己被看见，才能学会爱自己。

每个人的基础是不同的。那些从小得到父母足够的关注与爱、在父母的宠爱下成长的孩子，长大后大多懂得如何去爱自己。而从小因为各种原因没有得到足够的爱的孩子，长大后必须经过很多努力，才能意识到应该如何爱自己，他们的自爱之路走得比较艰辛。这涉及一个问题——个体自我价值感的高低，简单来讲，就是自信、自爱和自尊。自我价值感高的人相信自己有足够的能力去获得自己想要的，会接纳自己的不完美，懂得爱护自己、尊重自己，也能教会别人信任他、爱护他和尊重他。因此，人们常说，一个人不爱自己，就不能爱别人，别人也不会爱他。

每个人都是独一无二的、有价值的个体，但最早决定我们自我价值高低的对象通常是我们的父母。父母觉得我们好，我们就会将这份“我好”内化，于是便觉得自己是好的，是有价值的。

我有个朋友，跟我分享了自己的成长经历。小的时候，他的父母虽然爱他，但总是采取威胁或贬低他的方式与他交流，后果就是：他没有建立起自信心，也无法接纳和爱自己。上小学一年级的时候，他遇到一位温柔的女老师。这个老师教了他三年，其间给予他很多肯定和赞美，她让他第一次觉得自己是有价值的，是值得尊重的，值得被人爱的。

有很长一段时间，我总是渴望别人来满足我的愿望，等待别人来爱我，所以，在亲密关系中，我期待一种像“理想父母”那样的无条件的爱。我总是要去确认和考验对方对我的爱，一遍遍问对方：如果我不够好，你还会爱我吗？如果我伤害了你，你还会爱我吗？我知道，这是很多女性都会面临的问题，她们要么努力讨好对方，希望对方继续爱自己，要么常常做一些自毁幸福的事情，不断考验他人对自己的爱，因为她们内心的源代码是“我不值得拥有幸福”。最后，爱她的人离她而去。

很多人希望他人的爱能填补自爱的空缺，这是一个天真又不切实际的愿望。当一个人不爱自己时，别人给他再多的爱也无法帮助他真正确认自己是可爱的，是值得被爱的，是值得拥有幸福的。同样，只有爱自己的人，才能更好地爱别人。

爱自己，除了改变内心的信念，将“我不值得拥有”“我没有资格”“我不配”等内心信念变成“我值得拥有”外，还包含更多的内容，比如，认识和了解自己、照顾好自己、保护自己的私人领地、接纳自己、取悦自己、做真实的自己……自爱体现在我们对待自己的种种态度里。概括地讲，就是做自己的“好父母”，像“好父母”一样肯定自己、满足自己、爱自己。

我欣赏那种舍得送给自己礼物的女人，她们花自己挣来的钱，给自己买鲜花，送自己钻石戒指，给自己买高品质的物品，带自己去国外旅行……就像我朋友的母亲一样独立自主，懂得满足自己、爱自己。这样的人觉得自己值得拥有这些美好的事物，在享受它们的过程中，自信、自爱与自尊也进一步提升，活得更加积极主动，充满生命的活力。

有的人会误解，觉得她们很自私。其实，自爱和自私是完全不同的，自私向外求，希望从外界获取些什么而使自己幸福，所以自私的人不停地索取；自爱则是向内求，把目光投向自己，主动斟满自己的杯子，自己让自己幸福快乐，然后杯满自溢，将满满的爱和快乐分享给周围的人，别人会因他们的分享而感到快乐，也愿意将自己的快乐分享给他们。

爱自己是一种积极主动的生活态度，从被动等待他人的施与到主动选择自己满足自己。爱自己体现了一种自我负责的态度。当你的工作、恋爱、人际关系出了问题，你过得不快乐时，要多找找自己的责任。

怨天尤人会有一个好处——让你不自责、不焦虑，但等于承认你的幸福快乐要靠别人：别人对你好，你才能快乐；别人对你不好，你就会郁闷。只有愿意为自己的幸福快乐负责，你才能真正幸福快乐起来。这样做的时候，你内心的信念是“我值得拥有幸福”“我有能力让自己幸福”，这会让你感觉到自己内在是充满力量的，而不是虚弱无力的。

从现在开始好好爱自己吧，不要再等待别人来满足自己的愿望，更不要怨天尤人，抱怨环境和家庭，而要积极主动地努力，肩负自己的责任，自己让自己心满意足，自己让自己幸福快乐。当你依靠自己的能力去满足自己时，那种内心的感觉很棒。我相信，当你这么做时，你一定会遇见一个更好的自己。

爱自己是一门一生都要学习的功课，我还在一步步地认真学习。希望这本书能让你从我的分享中学会好好爱自己，相信自己值得拥有快乐和幸福，因为你本就如此美好，本就值得拥有最好的一切。

你值得拥有最好的一切

[You deserve to have the best of everything]

成为自己比任何事都重要

/ 一、一间自己的房间 /

1928年，伍尔夫受邀到剑桥大学做了两次“妇女与小说”的演讲，《一间自己的房间》一书就是这两次演讲的总结。她一开始就抛出自己的观点：“一个女人如果打算写小说的话，那她一定要有钱，还要有一间自己的房间。”接着，她将自己如何得到这个观点的思考过程，原原本本地、大胆坦率地告诉了读者。

她在十月的一个好天气里化身为一个名叫玛丽的女人，坐在河边思索“妇女与小说”这个演讲主题。玛丽一边出神，一边欣赏着河岸的风景：灌木、杨柳、桥、划动的船和水面上的倒影。接着，她想到将思想像钓鱼一样钓起来。由于受到脑中念头的干扰，她飞快地踏进一块草坪，却被学监赶了出来。然后，她又想到了学院和图书馆以及相关的文稿和学者们。

你以为她这下要好好讲讲“妇女与小说”了，结果她在教堂门口徘徊了一阵，之后吃了一顿有鱼、有鹧鸪还有甜点的丰盛午餐。午餐一直吃到近黄昏，心满意足的她赞美了下诗歌，又去吃了一顿平淡无奇的晚餐。在描述了一番晚餐中清淡的肉汤和干到骨子里的饼干之后，她说：“若要交谈得愉快，吃得好坏至关重要。一个人要想头脑清醒、爱情甜蜜、睡眠酣畅，若是吃不好，决然办不到。牛肉和梅子点不亮那心灵栖所的灯光。”

就在你以为她是个吃货，根本忘记了要去论证“女人要写小说得有钱和一间自己的房间”这一观点时，她思想的野马开始奔跑。她由菜品这件事想到了女性的贫困处境，毕竟饮食情况反映了一个家庭的经济状况。她开始义愤填膺，大声谴责女性的贫困处境。

“我们的母亲们那时都做什么去了，一笔钱也没给我们留下？”她渴望母亲们和母亲的母亲们学会赚钱的伟大艺术，这样，她们这一代女性就能享用飞禽和美酒，就可以理直气壮地去憧憬生活。可是，母亲们没钱，因为她们生养的不是一两个孩子，而是十几个孩子，她们为生育和家务忙碌了一生。这使我想到自己的母亲，虽然她只生养了两个孩子，但她一生都为家庭操劳，没有个人的生活，到老了也没有属于自己的财产，还得继续帮子女养育他们的子女。她担心自己如果不这么做，子女就不会为自己养老送终。

一个邻居阿姨曾向我抱怨："我们这代人似乎就是围绕着孩子在生活，先养孩子，再养孩子的孩子。"这是中国无数生于20世纪五六十年代的母亲的人生样本，也许正因为此，我们这一代的很多女性从小就有一种恐惧：我害怕跟妈妈一样。我们恐惧婚姻，受到母亲生活的影响，我们这样理解婚姻：婚姻意味着牺牲自己，为家庭奉献。我希望，我们这一代女性能通过自己的努力改变女儿们对女性和婚姻的看法。

伍尔夫总结了母亲们没钱的原因："首先，她们不可能去赚钱；其次，即使她们有可能赚到钱，法律也拒不承认她们有权利把这些赚来的钱归为己有。"这让我想起英国《卫报》曾经刊登的一篇文章："据报道，根据中国全国妇联和国家统计局2010年进行的第三期中国妇女社会地位调查的数据，中国只有13.2%的已婚女性在房产上只登记了自己的名字，而51.7%的已婚男性这样做。不仅如此，零点研究咨询集团2012年调查北京、上海、广州和深圳等炙手可热的房产市场时发现，虽然70%的女性为购买婚房做出了贡献，但只有30%的婚房登记了女性的名字。"

英国在1870年和1882年通过法律确立了已婚妇女保有自己的财产的权利，而在100多年后的中国，女性仍未真正享受到平等的就业权利，也就是说，在挣钱方面都不平等，在拥有财产方面怎么会平等呢？另一方面，中国传统的"三从四德"思想也使女性自我禁锢，"未嫁从父、既嫁从夫、夫死从子"，我一个女人都不属于我自己，我赚的钱、买的房子当然也不属于我自己。

我们从现实中抽离，继续追随伍尔夫思想的脚步。她用风趣幽默的语言、灵动细腻的情感、睿智开阔的思维将她的观点娓娓道来。她认为女性若要写小说或诗歌，每年就必须有500英镑的收入和一间带锁的房间。她论述了女性的贫困处境和无法享有平等就业权利的历史，紧接着谈了金钱与创作的关系。“贫穷之于小说，影响几何？艺术创作，又需要哪些条件？”她举了许多著名诗人的例子。如果华兹华斯、拜伦、雪莱、丁尼生这些人没有钱，那他们就写不出伟大的诗篇。她说：“500英镑的年薪象征着沉思的力量，门上的锁意味着独立思考的能力。”

/ 二、你就是自己的良人 /

心灵的自由依赖物质。

重读《一间自己的房间》一书，我仍然觉得很精彩，深受触动。上一次读此书的时候，我有一份朝九晚五的工作，而这一次，作为一个自由写作者的我重读这本书，有了更多的体悟。做了自由写作者之后，我更加明白物质条件对创作来说是多么重要，或者更确切地说，我更加明白物质对于心灵自由的重要性。如果一个作家没有属于自己的写作的房间，只能在公共场所写作，总会被这样那样的事情打断思路，那他应该会很痛苦、很有挫败感吧。如果一个作家总在为下一顿饭发愁，我很难想象他能写出多么出色的作品。

自由创作的前提往往与经济状况相关。当然，并不是说你必须有一间属于自己的房间才能搞创作。现在北京、上海的房价这么高，一间15平米的房间就要几十万，而且你也不可能买到只有15平米的房子。所以，我认为，假如你是一位想写小说的女性，只要你能赚到基本的生活所需，租得起房子，能吃饱穿暖，你就享有了创作的自由。其实，不管你要不要搞创作，女人都要为自己挣钱，因为这意味着你的独立与自由，除非你不想要独立和自由。生活没有捷径，你想过独立自由的生活，只能依靠你自己。

伍尔夫的文字就像一个跃动的精灵，踏着舞步旋转跳跃，充满美感。不过，与其说我喜欢她在《一间自己的房间》中展现出的意识流般的写作手法和富有诗意的散文风格，不如说我喜欢她那种对待女性的态度：有督促，有激励，有客观中立，也充满希望和信心。

她说："我希望你们可以尽己所能，想方设法给自己挣到足够的钱，好去旅游，去无所事事，去思索世界的未来或过去，去看书、做梦或是在街头闲逛，让思考的渔线深深沉入这条溪流中去。"

她说："我之所以要求你们去挣钱或拥有自己的房间，就是要你们活在现实之中，不管我是否能将之描绘出来，那都将是一种充满生气、富有活力的生活。”

她说：“我发觉自己只是想平平淡淡、简简单单地说，成为自己比任何事情都更重要。”

这是80多年前的一位女性长辈对年轻女孩说的话，比起《大龄文艺女青年之歌》中唱的“他们说你该找个有钱的，让他赞助你搞创作”，伍尔夫显然更先进，也更现实。她鼓励女性为自己挣钱，为自己想过的生活努力；她强调女性要尊重男女差异，发挥出女性的最大优势；她要求女性与现实联结，争取去过一种更有生气和活力的生活；她希望女性不必成为别人，而只是成为她自己。这样的谆谆教诲和殷切期望，令人感动也催人振奋。

爱自己，是一场终生恋情的开始

/ 一、有些美好不会消逝 /

2014年进入尾声，商场里上市的新装迅速地替换了旧时光和旧模样。近来，我发现身边的女性朋友纷纷陷入了一种恐慌的情绪中，尤其是大龄的单身女性，开始显露出焦虑的情绪。这种情绪的产生除了与外界施加的压力有关，比如父母的催婚、被贴上“剩女”的标签等，还与女性自身年龄的增长有关。

随着年龄的增长，女人为什么会慢慢地变得不自信，变得感伤和失落，甚至痛苦纠结呢？不久前，我和一位在国外生活了很多年、刚回国不久的朋友聊天。她说，她发现中国的女性特别害怕衰老，她们觉得自己老了就不再有魅力了，男人就不再爱自己了，进而觉得自己活得不幸福，没有价值。在我看来，中国的男性固然是喜欢年轻漂亮的女人，但男人对自己身边的女性的年龄并不是太敏感，反倒是女性自己对青春的逝去太敏感、太恐慌。很多女人不断对自己进行心理暗示：我老了，不再年轻了，他不会像从前一样爱我了……

有个来找我做心理咨询的女孩，她很漂亮，但她非常恐惧自己年龄的增长。她曾问我："如果我老了，还会有人爱我吗？我还能吸引别人吗？"她似乎认为，除了年轻貌美，自己没有其他有魅力的地方。她觉得自己的价值完全体现在容貌上，这样想的她，怎么会不害怕时光的流逝呢？

我想起前两年微博上很火的一组照片（一位纽约的摄影师专门街拍穿着打扮很有品位的老妇人，把她们的照片上传到网络上），那是一组相当美艳的照片，老太太们穿着精致，打扮优雅，帽子、围巾、墨镜、首饰等配饰被她们拿来恰如其分地扮靓。年龄最大的老太太100岁，接下来是90岁、71岁、69岁……很多女人看到这组照片，都希望自己老了以后也能如此美丽。有的女人有更大的心愿，她们希望自己不会害怕岁月流逝，能如此优雅从容地老去。

这组照片让我看到：美丽与否跟年龄无关，重要的是一种态度。这种态度里包含着爱：爱生活，爱自己，爱一切美好的事物。

/ 二、爱自己的时刻你最美 /

有一段时间，我喜欢问身边的女性朋友一个问题：你觉得自己什么时候最美？有的人说，当我恋爱的时候，我感觉自己最美；有的人说，当我在职场中打败竞争对手，拿下一个项目的时候，我感觉自己最美；有的人说，当我一边看自己喜欢的书，一边敷面膜的时候，我感觉自己最美；有的人说，当我穿着运动服，完成十公里慢跑的时候，我感觉自己最美；有的人说，当我自信地跳着肚皮舞的时候，我感觉自己最美；有的人说，当我得到别人赞美的时候，我感觉自己最美，有的人说，当我给别人带来快乐的时候，我感觉自己最美；还有的人说，当我打扮精致，一个人在街上闲逛的时候，我感觉自己最美……

每个人的答案都不同，这正印证了罗素的那句话：参差多态乃幸福本源。在我看来，这些朋友说的美丽时刻，大多是爱自己、悦纳自己的时刻。

我有个女老师，快60岁了，脸上有不少皱纹，穿着打扮却精致优雅。她化着淡妆，穿着合身的连衣裙，时髦又妩媚，就像那组美艳照片中的老太太。她在近40岁的时候大胆转行，开始学习心理咨询的知识和技能，只是因为自己喜欢这个行业。每次看到她，我都会被她感染，被她身上那种热爱生活、悦纳自己的态度打动，她常常让围绕在她身边的人充满愉悦感。

当然，爱自己、悦纳自己不单单是让自己的外表美起来，更重要的是一种内心的自我取悦、自我接纳。

何谓爱自己、悦纳自己？简单讲，就是自己让自己快乐，自己让自己心满意足，不再等待别人来斟满自己的杯子。接纳自己、取悦自己、珍爱自己，并且认为自己值得拥有这些美好。费尔巴哈曾经说过："你的第一个责任，就是让自己幸福。"我的理解是，爱自己首先要做的是为自己人生的幸福负起责任来。你的幸福快乐掌握在你自己手中，而不是只有别人对你好，你才能快乐，如果别人对你不好，你就只能郁闷。只有愿意为自己的幸福快乐负责，你才能真的幸福快乐起来。当你自己幸福快乐时，你才有能力让别人也幸福快乐。

/ 三、悦己才能悦人 /

悦纳自己要学会尊重自己的内心，按自己的心意而活。倾听自己的心声，不要因为他人的目光而挑剔自己、为难自己、委屈自己。把取悦自己放在取悦他人之前，不要为了取悦他人去做使自己特别痛苦的事情。你是否有这样的经历：因为不好意思拒绝他人的请求，不得不做违背自己本心的事情，结果搞得自己痛苦不堪，怨气冲天。为了取悦他人，你把自己和他人弄得都不开心。

台湾著名主持人小S写了一本书，叫作《小S之怀孕日记》，里面有篇文章发表在某本心理学杂志上，叫作《悦己才能悦人》，讲了她新婚不久，为了取悦老公，在厨房做咖喱饭给老公吃的小故事。她之前已经向姐姐请教过，还在脑子里反复演练了咖喱饭的做法。做的时候，她发现没米，切洋葱时又被辣得眼泪直流，咖喱块还落在了车后座上，而车被助理借走了，她沮丧得放声大哭。最后，她和老公去餐馆吃了一顿咖喱饭。她问自己："我干吗要拿不擅长的事和自己过不去呢？" 此后，她不再做饭了，而是请厨师代劳。她把自己打扮得漂漂亮亮的，陪老公吃饭，这对他们俩来说都比较好。

也许有人会说她自私，事实上，这并不是自私，而是她知道如何去取悦自己、爱自己。试想一下，如果她不会做饭也不爱做饭，为了取悦丈夫，她逼迫自己努力做个会做饭的太太，这难道不会让她感到疲惫、委屈、痛苦吗？也许她还会埋怨丈夫呢！面对这样一个愁眉苦脸、委曲求全的怨妇，丈夫也开心不起来。

小S说："当你真的让自己过得开心之后就会发现，你的亲人和家庭，你周围的世界，并没有因为你的'自私'而变得糟糕。相反，正因为你活好了自己，他们也分享了你的快乐、幸福和成功，你所能给予家人和这个世界的，反而会更多。"

悦纳自己的女人，拥有自我肯定、自我欣赏的能力，还可以快乐地接受别人的给予。所以，从现在开始，停止自责，停止自我批判，停止所有对自己的负面评价。你有没有用那些别人骂你的话——“长没长脑子啊”“真粗心”“真没用”——骂过自己？如果有，请赶快停止吧。你有没有觉得自己不够好、不够聪明、不够漂亮？如果有，也请赶快停止吧。从现在开始，接纳自己不完美的地方，用自我肯定与欣赏的方式替代原来的自我批判与挑剔。

从小事情开始，经常赞美自己，经常对自己说：“你做得很棒。”就算某件事情做得不好，也不要过分苛责自己，给自己一点时间去改变，对自己说：“下一次我会做得更好，加油！”相信经过一段时间的自我接纳与认可，你的自我价值感会提升很多，你会看到自己更多的好的一面。

当别人赞美你的时候，你能大方地说谢谢，而不会怀疑别人在说假话；当别人对你表达好意的时候，你能真诚地领受，而不会感到别扭、尴尬或拒绝别人的好意；当朋友、恋人送你礼物的时候，你会感觉愉快，并报以感谢，而不会觉得有负担或亏欠；当你去参加一些自己喜欢的活动，比如听交响音乐会、看话剧或画展的时候，别人说“哟，你好高大上呀”，你能微笑着说“你也可以去”……你真心享受他人的赞美和欣赏，并认为自己值得拥有这些美好，这也是悦纳自己。

英国才子王尔德曾经说过：“爱自己，是一场终生恋情的开始。”女人要和自己谈一场终生的恋爱。只有爱自己、悦纳自己，你才能使自己获得更多的快乐，拥有越来越多的感觉自己很美的时刻；也只有爱自己、悦纳自己，你才能让身边的人跟着你一起快乐。

记得知名服装设计师张天爱在接受记者采访时说：“我依然保持着20岁的好奇和30岁的干练，同时又有40岁的成熟和50岁的端庄。所以，现在就是最好的年龄。”我希望有越来越多的女性不再那么惧怕衰老，因为现在的你就很美。女人在每个年龄段都有自己的美与精彩，当你能爱自己、悦纳自己，能从容面对时光流逝的时候，你就拥有了最好的年龄、最美的时刻。

你可是值得特级称赞哦

/ 一、一句肯定的话也许能创造奇迹 /

多年前，在美国南部的乡下，一个周末的晚上，一位母亲精心准备了一顿丰盛的晚餐，准备叫儿子吃饭。这时，外面突然下起了大雨，小男孩没有听妈妈的话，而是跑到外面疯玩起来，在雨地里打滚、嬉闹，刚穿上的新衣服转眼间就沾满了泥巴。他边跳边开心地对妈妈说："妈妈，我要跳到月球上去。"妈妈没有指责他，只是淡淡地说："好啊，只是你别忘了从月球上跳回来，回家吃晚饭。"

后来，这个男孩长大了，他真的上了月球。他就是阿姆斯特朗——第一个登上月球的人。当阿姆斯特朗从月球返回地球的那一刻，记者采访他："此时此刻你最想说的话是什么？"阿姆斯特朗回答说：“我想对妈妈说，我从月球上回来了，我想回家吃晚饭！”

阿姆斯特朗儿时的梦想变成了现实，这与他有一位懂得尊重孩子、呵护孩子纯真而富于幻想的心的母亲是分不开的。这就是语言的魔力，美好、肯定的语言可以造就一个人。如果当初他的妈妈对着他大吼，用耻笑和恐吓的方式回应他“你神经病啊，还不赶快给我回家，小心我打断你的狗腿（这话应该是很多中国男孩童年都听过的训斥）”，那阿姆斯特朗还会想登月吗？

韩剧《密会》中的女主角吴惠媛是如何拯救钢琴天才李善宰的才华并让他爱上自己的？她听了一整天善宰的弹奏，在结束的时候，善宰问：“我弹得还可以吗？”惠媛先说自己很累，要休息了，然后说：“看来你是不了解你自己啊。”接着，她开始了解善宰弹钢琴的过程，几岁开始学习、怎么学习，等等。随后，两个人一起酣畅淋漓地合奏了一曲。最后，惠媛捏着善宰的脸说：“这可是特级称赞！”

所以才有了后来善宰的那段情深意切的表白：“我想过很多，到底从哪里开始说，还做过练习。我不懂那些深奥的话，像外国人名字那种，像那种也是，上网查过之后用韩语标注了才勉强会读，所以我在心里练习了很多遍，争取能不结巴，说得流利一些。不管怎样，我真的真的很混乱。老师，您在我最艰难的时候，厌恶自己厌恶得想死的时候，建议我重新开始弹钢琴，也读出了我内心的动摇……”

我上初中时写的作文，常常获得当时的语文老师兼班主任的赞赏，她曾经推荐我去参加市里的作文竞赛，我还获了奖。她还鼓励我阅读课外书籍，即便在中考前夕，我因为课外阅读花了太多时间而没有好好学习数学，成绩下降，她也没有严厉地批评我，找我谈话时始终带着温柔和对我的爱护。如果没有老师当年的肯定，没有她对我的写作和阅读热情的用心呵护，我想我今天就出不了书，也无法靠写作生活。至今，我仍对这位语文老师充满了感激之情。

以前我在广告公司做策划，辛辛苦苦做出的东西，领导连看都不看一眼就丢在一边。好不容易通过比稿拿到一个项目，同事会冷冷地说：“创意这东西也没什么用。”就算我内心很强大，时间长了，不被认可和没有价值的感觉还是会紧紧地缠绕在心头，我常常会对工作提不起精神，觉得所做的事情毫无意义，最后只好辞职离开。

语言不仅仅是声音、声调、字词句的组合，也不单单是一种沟通工具，它代表的是说话者的态度、价值观以及文化体系。语言常常会决定我们积极或消极的心态，还会决定我们与他人之间关系的亲疏好坏。婴幼儿以及他们的父母的语言里总是会有许多简单的叠词，温柔、可爱，充满童真、童趣和好奇。而那些处于热恋期的恋人的语言，则常常充满爱、甜蜜以及性冲动的激情。语言的力量是不可估量的。一句批判的话可能会使关系破裂，一句肯定的话不仅能使关系变得亲密，也许还能创造奇迹呢!

他人的评价对一个人认知自我有重要作用。我们小的时候常常会把他人对我们的评价内化，他人肯定的言辞会让我们觉得自己很棒，他人批评的言辞则会让我们认为自己不好。自我认同常常是建立在他人对我们认同的基础上的。马克·吐温曾经说过：“一句称赞肯定的话，可以让我活两个月。” 语言既可以伤害和毁灭一个人，也可以激励、拯救甚至造就一个人。

19世纪的法国，有个穷人为了挨饿的孩子去偷面包，结果被法官判处了19年的苦役。出狱后，走投无路的他被好心的主教收留过夜，他偷了主教的银器潜逃，被警察抓回。主教声明银器是自己送给他的，使他免予被捕。主教的言行感化了他，从此以后他洗心革面，奋发向上。十年后，他成为成功的商人并当上了市长。这个故事来自《悲惨世界》。

开始学习心理咨询后，我更加明白了肯定的言辞是多么棒的赞赏。但是，我们中国人似乎很难给予别人真心的称赞，好像除了拍领导马屁、说“好话”之外，我们很难去表达那种纯粹的、发自内心的赞美。

记得有一次，给我们上心理咨询技术课的老师让大家做一个练习：“跟你的同桌面对面，赞美对方一分钟。”别看只有一分钟，这个练习对大多数同学来说都相当困难。很多人手足无措，十分尴尬地看着对方，不知道该怎么赞美对方。但练习总要完成啊，没办法，很多人只好硬着头皮去赞美对方。

“你今天穿的衣服很好看。”
“你的耳环跟你的脸形很配。”
“我喜欢你的声音，感觉很好听。”
慢慢地，称赞变得更自然了。
“每次你都是很早就到教室了，从来没有迟到过，你很努力、很勤奋啊！”
“你经常买零食给大家吃，我也吃了不少，你对人真的很热情，很感谢你，我要向你好好学习。”

……

一分钟的赞美练习结束后，很多人克服了尴尬，学会了如何去夸赞别人，居然还有同学被感动哭了，因为他（她）是第一次听到别人这样赞美自己。

其实，人人都需要夸奖，适度的真心赞美总会轻易就让人心情愉快。懂得赞美他人的人在人际交往中往往如鱼得水，更容易与人建立起良好的关系。而在亲密关系中，赞美更是一剂灵药，它能让对方变得更有自信、更温柔，彼此的关系也会变得更亲密和谐。

有位心理咨询带教的男老师，今年67岁了，可以当我们的爷爷了。他跟妻子的关系很和谐。在课上，他和我们分享了他的悦妻之道。

下班后，一回到家，他就从背后抱住正在做饭的老伴，说一句“老婆大人辛苦啦”。老伴会白他一眼，娇羞地说：“去去去！”吃饭的时候，老伴会将他的小酒端来，为他倒酒喝。他会夸赞老伴的厨艺：“今天这个菜烧得真好吃，你看，我吃了好多。”于是，吃完后，老伴就不让他洗碗了。有的人会误会我们老师有心机，说他用几句夸奖让老伴帮他做事。实际上不是这样的，我们老师很关心老伴，也会承担家务，他是在用赞美获得和谐幸福的夫妻关系。

/ 二、你值得拥有这世间最好的赞美 /

我发现，中国的年轻人中有很大一部分人对自己取得的成绩很看不起，认为别人给予自己称赞是虚伪的社交手段，拍马屁而已，当不得真。相反的是，对别人取得的一点成就，他们又太过高看，觉得别人很了不起，从而使自己愈加自卑。比如，他会弹钢琴、会唱歌，琴艺娴熟，歌声动人，你夸他多才多艺，他说这上不了台面。比如，他考研成功，你夸他牛逼，他会说身边谁谁也考上了，而且学校比他更牛逼。再比如，他一个人去了很多地方旅行，你夸他见多识广、胆量过人，他说这没什么，只是自己爱玩、爱花钱而已。

……

他们不是假装，也不是表现谦虚，他们的神态、语气让你明白，他们心里真的是认为自己所取得的成就不值一提，配不上你的称赞。

为什么这些人会这样？

因为当他们考了99分，希望得到父母表扬的时候，父母却说："有什么好高兴的，也不想想怎么会丢掉那1分！"

当他们当上了中队长，想跟父母分享自己的喜悦时，父母却说："看看隔壁的某某某，人家可是大队长！"

……

有个朋友曾经和我说起自己的童年经历。他的英语成绩一直不好，努力了很久，终于从60分考到了80分。他很开心地回到家，希望妈妈能表扬自己，没想到妈妈连考卷都没认真看上一眼，就来了一句："考80分也值得你高兴成这样，也不拿镜子好好照照自己！"现在想起这件往事，他还是感觉很心酸，他认为自己一直存在的自信心不足的问题跟从小缺乏父母的肯定有关。

我在和男朋友相处的初期也遇到了这样的问题。我夸他长得帅，他会很不好意思，同时会怀疑我在欺骗他。我夸他说话风趣幽默，他会觉得那是因为我爱他才这么说。我对他说“我爱你”，他听到后也没有任何回应。如果我说他哪里不好，批评他一下，他就会觉得“我整个人都不好了”，会有比较强的沮丧情绪。后来，我才了解到，男朋友的父母在他小的时候很少给予他夸奖和表扬，而是经常在亲戚朋友面前批评他，甚至嘲笑他，负面的评价总是多于正面的肯定。

我们这代人的许多父母都非常认同这样的观点：“夸奖会导致骄傲，骄傲会使人落后”，而 “批评才能使人进步”。所以，他们在教育孩子的过程中不懂得肯定和赞美孩子。孩子很少被父母认可过，也没有被无条件地接纳过，只有考试成绩好了，表现得很乖、很听话，父母才会觉得他们是好孩子。所以，他们长大以后常常认为自己不行，自己不好，自我评价普遍偏低，觉得自己不值得被人赞美和肯定。也许只有当他们登上太阳的那一天，他们才会真正认可自己，觉得自己很行。

我们每个人心里都住着一个需要被肯定、被称赞的小孩，我们配得上这赞美和肯定。从现在开始，学会去赞美别人，不要吝啬你的赞美，你的一句赞美可能会让人觉得生活是美好的、值得期待的，除了能改变他人的心情，也许还会改变他人的人生。

此外，你也要学会悦纳自己。悦纳自己的人能快乐地接受别人的给予，拥有自我肯定与欣赏的能力。当别人赞美你的时候，你能愉快地接受并道谢，而不会怀疑其真实性；当别人向你表达好意的时候，你能快乐地领受，而不会觉得自己不配或者亏欠别人。从现在开始，你要学会对自己进行奖励和肯定。哪怕是微小的进步与改变，你也要称赞自己，为自己庆贺。“我今天按时完成工作了，我真棒！”“我今天少上了一小时的网，多写了500字的论文，我可是值得特级称赞哦！”

当你懂得赞美别人，也懂得享受别人的赞美时，我想你会变成一个更爱自己、更悦纳自己的人。

现在，我向阅读我这本书的读者表达自己最诚挚的爱意：我爱你们，谢谢你们一直以来对我的支持和肯定，你们肯定的言语是对我最棒的奖赏！

大家不妨现在就开始向身边的人表达自己的爱和感激！以下内容是我根据盖瑞·查普曼的《爱的五种语言》一书中“肯定的言辞”一章的练习编写的方法，大家可以用这些方法来练习肯定你的另一半。

一、用一张3厘米×5厘米的卡片，写下面列出的短句。把它贴在镜子上或者你每天都会看到的地方，来提醒自己，你的配偶主要爱的语言是“肯定的言辞”。

言辞是重要的！言辞是重要的！言辞是重要的！

二、保留一个记录，写下你每天对配偶所说的肯定言辞，持续一个星期。一个星期结束后，跟配偶坐下来，看看你们的记录。星期一，我说：“你这顿饭做得真好。”“你穿这件衣服真好看。”“谢谢你把晾在外面的衣服收起来。”星期二，我说：……

你可能会惊讶地发现，你说肯定的言辞说得很好，或说得很差。

三、定一个目标：连续一个月，每天对你的配偶说不同赞赏的话。如果“一日一苹果，医生远离我”，那么，每天一句赞美的话，则可免予看心理医生。（或许你要把这些赞美的话写下来，才不会过于重复某几句。）

四、当你在看报纸、杂志和书籍，或者看电视、听广播的时候，留意其中所用的肯定言辞，把那些肯定的字句记在笔记本上。（如果那是漫画，剪下来，贴在笔记本上。）不时地翻阅这些本子，挑选一些适合你的配偶的句子。当你用了一句，就在上面注明使用日期。你的笔记本可能会因此成为爱的小书呢！请务必牢记，言辞是重要的！

五、写一封情书、一段爱的短文或一句爱语给你的配偶，含情脉脉地给，或打锣吹号热情地给！（很可能在他离世以后，你会发现你的情书被藏了在什么特别的地方。)

六、在配偶的父母或朋友面前称赞他，你将会有加倍的收获：配偶会感受到你的爱，而他（她）的父母则会觉得很幸运，能有这么好的一个女婿（或者媳妇）。

七、寻找配偶的优点，并且告诉他（她），你多么欣赏那些优点。很可能他（她）会更努力，以求名副其实。

八、告诉你的孩子，他的母亲或父亲有多么好。当着配偶的面要这么说，而在他（她）背后也要这么说。

九、写一首诗，描述你对配偶的感情。如果你不是诗人，就选一张能表达你心声的卡片。画出特别的字句，并在最后加上几句你自己的话。

十、如果你发觉说“肯定的言辞”对你而言太难了，就在镜子前练习。如果你需要，用一张备忘卡。请记住，字句是重要的。

午后三四点，与自己相谈甚欢

/ 一、一天中最微妙的时刻 /

现在是午后三点半，我在市中心一家小小的咖啡馆里，头顶的风扇呼呼地转动，音响里正放着《中国好声音》的歌手唱的歌，干净、清新的女声唱道：“蝴蝶眨几次眼睛，才学会飞行。”忽然，某种难以言喻的东西降临在我身上，我感觉自己如一只蝴蝶般自由自在。

从事自由职业快两年了，我知道自己的选择跟绝大多数人是不一样的，我是这个社会中的少数派，当人家穿着正装乘坐地铁去上班时，我穿着睡衣待在家中茫然无措。在从事自由职业的最初几个月里，我常为自己和别人不一样而焦虑，内心惶恐不安。幸运的是，从小学开始，家人一直以来都不太管我，父母对我有一份信任，也有一份尊重，我没有因选择自由职业而受到来自父母的压力。那时候，男友也刚辞职不久，他并不在意我是自由职业者还是朝九晚五的上班族。所以，我的焦虑不安只与自己的内心有关，只与自己的自由有关。

美国“国家公园之父”约翰·缪尔在他的日记中这样描写寻找羊群的经历：“我找到羊群时，发现它们害怕而沉默地缩在一起。显然它们已在这儿待了一个晚上又一个上午，根本不敢出去觅食。它们虽然逃离了桎梏，但就像我们所知的一些人一样，反而对获得的自由感到恐惧，不知道该怎么办，而且似乎还很高兴能回到原来熟悉的牢笼中。”

其实，不只是羊如此，害怕自由的人类也是如此。就像弗洛姆在《逃避自由》一书中所说的那样，人的天性是逃避自由，人们在更自由的时候会变得焦虑和无所适从，会甘心交出自己的自由。自由需要勇气，自由通过个人能凭借自己的意志做出选择这一形式呈现在每个人的生活中。

简言之，自由选择的前提是有足够的勇气为选择负责。所以，我必须为自己的选择负责，当情况变得糟糕时，不要埋怨别人，承担责任，并且记住这是自己的选择，我有选择的权利。既然我选择了自由职业，自由所带来的焦虑不安就是我必须承受的。

有趣的是，人是习惯性的动物，度过了最初的焦虑不安的几个月后，我很好地适应了这份自由带来的焦虑，并且在这种焦虑中获得了某种自我管理和自得其乐的本领。我通常在早上七八点钟醒来，然后开始工作，忙到午饭时间。吃过午饭，我继续工作到下午三点，便停下来休息。午后三四点是一天中最微妙的时刻。时间像个徒步旅行者，他从早上出发，走了很久，还未到达晚上的目的地，在午后三四点这个不早不晚的时刻，他走得不疾不徐，带着对明天的期待，也带着疲惫与寂寞。

很多个午后三四点，我和朋友们在外面的餐厅喝下午茶，这些朋友中有女人，也有男人，更多的是女人。女人们相互陪伴，吃着东西，东拉西扯地闲聊一番，以这样的方式快乐地度过午后三四点。更多的午后三四点，我一个人度过。

/ 二、活着，就是为了那一刻 /

一个人的午后三四点，我会做些什么呢？

也许最多的时候是看书吧，有些写书评的工作要完成，可是我往往会扔下这些书，随意去翻看另外的书，歪在沙发上漫不经心地看着。有时，我在图书馆的参考外借处度过午后三四点，等着自己要的书从那些又高又弯曲的传送带上传来，等着工作人员大声喊自己的名字，就像等待情人的呼唤，然后带着一包沉甸甸的书和一颗充实的心回家。

天气适宜时，我会一个人在外面散步，有时是在街道的树荫下，有时是在公园里。我迈着很大很大的步子，快速地走上一个小时，间或停下来，仰望一会儿天空，脑子里总会想些东西，有的没的，具体想了些什么，却一点也不记得。

有时我会拉上窗帘，将阳光挡在外面，爬到床上躺着。有的时候睡得很好，一觉睡到四点半；有的时候只是闭上眼睛休息，听着外面的动静——夏日的虫鸣、蝉叫，放暑假的孩子们的嬉闹声，收破烂老汉的小车发出的叮叮当当声……既不睡着，也不清醒。

我会收拾脏乱的办公桌，整理书籍，洗衣服，清洗厨房……干一些家务活。有的时候干着干着就不想干了，书架上的书一半整齐、一半歪斜，洗衣机的甩干桶里放着未晾的衣服……

我会去外面的小店吃点甜品。我曾连续一个星期去一家蛋糕店买一块小小的栗子蛋糕，然后回到家，正襟危坐于餐桌前，一口一口地吃掉它。我会给自己泡一杯热茶，慢慢地啜完。我还会拿一小盒冰激凌，坐在地板上，用小勺一勺一勺地舀进嘴里，细细品尝冰激凌快速融化的冰凉滋味。

我会买菜、洗菜，为晚饭做好准备或者直接开始做饭。有一次，我早上出门练瑜伽，中午和一个朋友吃午饭，谈了点事情，快到家时已经是下午三点多了，我便顺道去了家附近的菜市场。我原以为这时候的菜市场人很少，恰恰相反，菜市场依然热闹喧扰。虽然蔬菜不像早上那样水灵，鱼虾也不够新鲜，但价格很便宜。很多下班早的妈妈或退休的爷爷奶奶接小朋友放学回家，经过菜市场，刚好买菜回家做晚饭。那天，我只花了十块钱就买到了蔬菜和一条活鱼，我过马路的脚步因为这份心满意足而轻快起来。回到家，我仔细地将鱼洗干净，连同葱、姜、蒜一起码在盘子里，然后放进冰箱。这鱼的名字我叫不上来，好像也没吃过，在菜市场买菜的上海大叔告诉我可以红烧。于是，我信心满满地等着晚饭时分的来临，就像等待一场必然的胜利。

记得某一天的午后三四点，我忽然很想吃炒花生配小米粥，便起身去厨房淘米，点火熬粥。然后，我支起另一口锅，点火，倒油，从橱柜里取出一碗花生米。在抽油烟机轰隆隆的响声中，待油温合适时，我将花生米倒入锅中，用中火慢慢地炒着，炒熟后放一点五香粉和海苔，起盘。我没有一炒好就开始吃，而是耐心地等粥熬好，等花生变凉。在这个空当，我从冰箱里拿出青菜，择菜，洗菜，放油，炒菜，起盘。

青菜炒好，五香花生米渐凉，小米粥也熬得恰到好处，我开始慢条斯理地吃自己做的小米粥配花生米、青菜餐。变凉的炒花生脆脆的，我一粒一粒地咀嚼着，这时候，我生出一种岁月静好的感觉，我的世界一片安稳，没有什么事情需要我急着去完成，我也不会耽误和妨碍任何人的任何事，好像再也没有什么可担忧的，也没有什么可害怕的……

为了让食物们不寂寞，也为了有更丰富的口感，我常常喜欢将两到三种食材搭配在一起吃，比如茭白烧肉、青椒土豆丝、青豆玉米炒百合。有一回，我买了盒装的荷兰豆，隔壁阿姨看到了，问我荷兰豆炒什么。家里的腊肉吃光了，我开玩笑地答道：荷兰豆自己和自己炒。也许每一个午后三四点，都是我自己和自己炒的时刻，就像荷兰豆在油锅中彼此摩擦、碰撞、软化、熟透一样，我和自己相谈甚欢，或者不欢而散。

日本作家新井一二三在《午后四时的啤酒》一书中写了一个日本太太的故事："每天下午四点，她比其他人早下班回家，丈夫回来之前，她先一个人坐在客厅的沙发上，边看外边美丽的风景边喝啤酒。她说：'很快就要开始做晚饭什么的，我自个儿闲坐的时间并不长。但是，我活着，就是为了那一刻。'"

也许正是在这些一个人的午后三四点，我学会了放下与别人不一样而产生的焦虑，不再去渴望躲在集体的温暖中，以逃避自由带来的不安、责任和孤独。在这些日子里，我渐渐找到了属于自己的内在节奏，沉静踏实、轻松自在地生活，不因自己职业的不同而忘记自己其实和许多人一样。我不再自我封闭，而是积极地结识许多志同道合、彼此一起努力、不再让我孤单的朋友。

午后三四点的自由与孤独、快乐与痛苦使我积攒起面对不易生活的诸多勇气，使我坚定地去追求自己想要的生活，去成为自己想要成为的人。

抱歉，我就是做不到一切与完美

/ 一、现实永远是那么骨感 /

最近看了一段视频。画面中男人对着下属安排工作，那叫“霸气”，同样的事情女人做却成了“霸道”；男人在演讲台上自信地发言，那是“雄心”，同样的事情女人做却成了“野心”；男人在办公室里加班是“无私地工作”，同样的事情女人做却成了“自私地工作”……背景音乐是一首我喜欢了很多年的老歌，女声版本的《疯狂的世界》（《Mad World》）。

All around me are familiar faces

围绕着我的是那一成不变的面孔

Worn out places, worn out faces

破落的周遭，疲惫的神情

Bright and early for their daily races

天一亮就早早开始他们日复一日的追逐

Going nowhere, going nowhere

无处可去，无处安身

And their tears are filling up their glasses

他们的泪水正盈满镜框

No expression, no expression

脸色木然，毫无表情

Hide my head I wanna drown my sorrow

埋下头，想要浸没在我的悲楚中

……

Mad World

这疯狂的世界

Mad World

这错乱的世界

这段视频使我想起曾经看到和听到的许多事情，也使我联想到自己过去的种种经历，思绪万千。

我出生并成长在福建，从小就看到许多重男轻女的现象。有的家庭因为想生儿子，但前几胎生的都是女儿，于是拼命生，直到生出男孩为止。有的家庭女孩没有资格上学，只有男孩才有。有的家庭，女孩上到初中毕业家里就不让她念书了，即便她成绩优秀，而男孩即便成绩很差，家里也会花钱让他去读高中。有的家庭，女孩放学后要做许多家务，男孩则可以尽情地玩耍……中国是个重男轻女的国度，尤其是在福建、江西、广东等省份。我了解到广东潮汕地区重男轻女的现象更严重，常常有姐姐或妹妹被父母要求打工赚钱供家中的男孩上大学，甚至还要为他买房、准备彩礼娶老婆等。

不仅在家庭内部，女孩遭到不公平对待，在学校里，男女不平等也一直存在。我有个老师是做性别研究的教授，她告诉我，上小学的时候，老师对女生的学习要求更严格，更愿意指定女生当班干部，但是升到中学后，情况就变了。无论是学习上的要求、上台发言的次数，还是当班干部的机会，男生都比女生从老师那里得到了更多的支持。对此我也有体会，我以前有个中学男老师就认为，上了中学后，女生不如男生聪明。其实，正因为他有这样的认知，所以对女生的教育不太重视，最后女生的学习成绩果然验证了他的想法是对的。这不过是他在玩的“自我实现的预言”罢了。

在就业机会和职场晋升上，男女也是不平等的。以前每次看有关女性的电影，尤其是讲古代女性命运的电影，我总是认为，她们之所以遭遇这些艰难困苦，被不公平对待，是因为她们没有技能，没有工作。我哀叹：经济不独立，选择的自由就不能抓在自己的手上。但是，当我大学毕业进入职场后，我发现，即便是一名现代职业女性，同样也会遭遇各种不公平的对待。

我的第一份正式工作是在一家影视广告公司做文案。干了半年，因为业务量增大，公司又招进来一个文案，是一位男生，年龄和我差不多，也没多少相关的工作经验。两个人共事了一段时间，某一天，他忽然被提升为文案组的组长。他的升职加薪令我震惊不已。论资历，论工作经验，论努力程度，我觉得自己并不输给他，因此当时的我内心很苦闷。前台的一位姐姐看我心情不好，想安慰我，就对我说："他升职是因为他是个男的。"没想到这句话对我的打击更大，就因为我是女的，所以即便我很努力工作，也得不到晋升？

前段时间，我有个快30岁的女友去应聘一家公司的品牌经理，经过初试和复试，面试官对她各方面都比较满意。当问到她的婚恋状况时，她如实相告自己已婚未育的情况，对方淡淡地说了一句："这样啊，那我们这个岗位不是很适合你。"对方就这样拒绝了她，即便她各方面表现都很出色，并许下三年内不生孩子的承诺，也无济于事。她的经历其实并不特殊，可以说具有普遍性，这样的事情每天都在城市各处上演着。

不过，令中国女性感到一丝安慰的是：在面对社会机会的不平等方面，全球女性似乎处境相同。有一项研究发表在《心理学家》上。研究者编制了两套求职申请材料，介绍了申请人的学术背景和资格，标上不同的性别，发给美国所有能颁发心理学研究生文凭的大学和学院的心理学系的负责人，请他们估量一下，申请人能有多大的可能性在某个职称水平上谋得一个职位。研究结果是，男性获得的职务级别高于女性，而且男性得到的通向终身教职的工作机会多于女性。只有男性能得到正教授职位。

今天的中国，在上海、北京这样的大城市，重男轻女的传统思想已经淡薄了不少，女性的地位跟以前相比提高了许多，女性享受到了越来越多的公平，女性本身也逐渐成为一股强大的力量。但是，社会对待女性有偏见、给女性贴上许多负面标签等不公平现象依然存在。这限制了女性的发展，阻碍了她们取得更大的成就。

就像那段视频里所展现的那样，社会对女性的评价是采用双重标准的。同样是在意外表、精心打扮，在男人那里是注重外表、体面等正面评价，放到女人身上就成了流于表面、炫耀等负面评价。如果你25岁之后还没结婚，就被叫成“剩女”；你注重发展自己的事业，努力工作，积极参与到职场的竞争中，就容易被说成“女强人”；你忠于自己的梦想，勇敢创业，不想过早地组建家庭、生育孩子，就容易被人说成“野心家”或者“你一个女人瞎折腾”……如果你结婚了，有孩子了，继续在职场打拼，又总会被人一遍又一遍地问到“你是怎么平衡工作和家庭的？”可是，那些已婚已育的男人在职场上很少被人问到这样的问题。

/ 二、请坚定你的闪耀 /

除了外部偏见和不公平的限制外，女性本身也存在自我设限和自我抑制的情况。许多有能力的女性不敢去梦想，不敢去成功，不敢做更闪耀的自己。我有个创业成功的女性朋友，她担心自己太成功了，会没有人喜欢她，会吓跑她的追求者，于是她在可以扩大公司规模的情况下选择维持现状。

我还认识一个女老板，和丈夫一起成功创办了一家公司。在旁人看来，她各方面的能力都比她的丈夫强，在公司的经营决策上，她也更能做出明智的选择，公司最早也是由她创立的，她投钱更多。但是，她让丈夫当了公司的总经理，自己做副总。面对重要决策时，她跟丈夫的想法不同，但她不敢直接表达出来，她不相信自己的判断是对的，总觉得“也许是我错了吧”。于是，她放弃自己的想法和主张，跟随丈夫做出决策。可是，事后往往证明她是对的。

Facebook（脸谱网）的首席运营官谢丽尔·桑德伯格在她的《向前一步》一书中讲到不少女性自我贬低与抑制的现象：在大学里，她每次考试拿到A时，总觉得是自己撞上了好运，是被上天眷顾，不是凭借自己的实力得到的。有的女性面临晋升的机会，总不如男性那么积极主动地去争取，还有可能会拒绝升职，因为她认为自己不行，即便大家都认为她很行。有的女性是高管，自身已足够优秀，被邀请去参加高层领导的重要会议时，却不敢往会议桌前坐……

多年来，我常常会问自己一个问题：你是否为身为女性而骄傲？答案是完全相反的。我常常因为自己是女性而自卑。

我出生在一个传统的中国家庭，家族中重男轻女的观念根深蒂固，成长的环境也充满了浓郁的重男轻女的氛围。从小我就竭力争取家人和周围其他人对我的重视，尤其是我一直在暗暗地跟我哥哥竞争，争夺父母的关注。我成绩优异，常考第一；乖巧懂事，是家务好手；大学里打几份工，经济基本独立；毕业后努力工作……但是后来，我发现我并没有换来父母和其他人对我更多的关注与重视，而且我开始觉得自己活得很辛苦、很疲惫。我似乎从没有为我自己真正活过。同时，我意识到一个更严重的问题：我对我哥哥有愤怒情绪，并且这种愤怒情绪扩大化了。

在内心，我对所有的男性都有隐隐的攻击性。这一点在我的恋爱关系中表现了出来，我常常会和男友竞争。在工作上，我想挣钱比他多；在一起玩乐时，比如打羽毛球、乒乓球时，我想打败他。记得有一次，我和男友在高原徒步旅行，由于不适应环境，他背着40升的登山包气喘如牛，而身高158厘米、体重88斤的我接过他的背包，健步如飞，走了很长时间。

我的行为在表达“我就是比你强”这样的信息。其实，我这么努力地证明本身就是一种内在虚弱、内心不自信的表现，我不能很好地认可和接受自己的女性角色，我看不到女性本身的价值，需要通过这些方式刻意地去证明自己的价值。

即便是在工作了一整天，很辛苦、很疲惫的情况下，我也会要求自己给伴侣做一顿可口的晚餐，有时甚至强迫自己这样做。因为我小的时候常常被教育：你是女孩，你要做饭，你要照顾一家人的饮食起居……

我希望自己不仅工作出色，还能兼顾家庭，面面俱到，做一个优秀的职场女性的同时又是一个照顾好家庭的传统意义上的贤妻良母。但这不太可能，你是一个人，没有三头六臂，做不到一切与完美。这样苛求自己的做法只会让我过得不快乐，内心充满怨气。

我知道我并不是特例，除了我以外，还有许多女性对待自己也是如此高标准、严要求。我有个女友，她不仅要求自己在怀孕的时候也要把工作做得很出色，还要求自己做好家务，做一个完美的太太。这就是一个悖论，女性自己像外界一样对自身也是不公平的，是有双重标准的，是过分苛刻的，是分裂又疯狂的。

这些都是我内心对于自己身为女性的自卑，也是重男轻女的成长环境和教育在我身上留下的烙印。我开始意识到，改变别人对我的看法似乎并不是那么重要了，重要的是我是怎么看自己的。我的内心够不够强大？我够不够坚定？我够不够爱自己？我是寻求别人对我身份的认同，还是我自己认同自己？我能不能不受别人看法的影响而去影响别人的看法？我能不能做到既不为自己是女人而自哀自怜，也不为自己是女人而愤愤不平？

/ 三、以自己喜欢的方式去生活 /

我开始做我自己，决定为我自己而活，不要为其他人而活，也不要为了取悦他人而委屈我自己。我做心理成长团体，参与一些公益活动，不断学习和写作，一点点地尝试和努力，以我自己的方式去生活、去改变，抚平、治愈重男轻女的传统思想在我身上造成的创伤，挣脱那些性别教育的后遗症，撕掉别人给我贴的标签，变得更接纳自己，更相信自己，更勇敢地活出更真实的自我。

女性成长的过程是不断被教育、被规划，不断接受外界赋予标准的过程。家长们、老师们、时尚杂志、传媒资讯、社会习俗给我们列出女人应该怎么样的各种标准，女人应该追求什么，什么样的女人才算成功的女人，这样做才女人，这样做不女人……我们从小就被贴满了各种标签，也不由自主地受这些标签影响（其实，男性也是如此）。

如果你是位女性，请不要被社会对待女性的不公与偏见打倒，努力做到不要只因为你是个女人就过分自卑，要勇敢地撕掉外部标签，抛弃自我预设，突破有形无形、外在内在的束缚，大胆向前一步去追求自己想要的，做更好、更自由、更闪耀的自己。别让别人对你的看法遮挡了你的光芒。你是谁，你要什么，不是其他人说了算的，应该完全由你自己来定义。不要被他人的眼光左右，请坚定地做你自己，尝试去相信你自己，接纳你自己，爱你自己，做一个内心更强大的自己吧。

女性需要突破自我设限的瓶颈，除了自身的努力外，也需要身边的男性给予支持和鼓励。我希望每一位女性都能够认同自己，为身为女性而感到骄傲。因为你本身就是一个可爱的存在，你本来就很美，你本来就值得拥有更闪耀的人生舞台。

何谓对女性真正的公平和尊重？我认为，尊重每一位女性个人的自由选择才是对女性真正的公平。当一个女人想在家生娃做饭、相夫教子，选择做个小女人时，没有人会轻视她的价值，看不起她，说她不独立、没追求，像爬藤攀附大树。相反，如果一个女人一心为事业拼搏和努力，更看重个人奋斗和成功，选择做个大女人，也不会有人说她大逆不道，是个野心家。我想，这需要我们每一个人的努力。到那时，无论是男性还是女性，都会觉得这是个幸福的社会。

你好，不安

安全感这个话题已经持续了很长一段时间，人们现在对安全感的关注度似乎与日俱增，两起马航事故更让很多人感到在这个世界上生活充满了不安全感。食品安全、交通事故、暴力犯罪、腐败问题、房价上涨、高离婚率、信任危机、道德沦丧……只要上网，这些令人不安的事件就会扑面而来，加重我们的不安全感，让我们感觉自己身处一个危机四伏的社会中。这是我们面临的外部环境，是对整个社会而言的，而对每个个体来说，也是一样的，每个人似乎都生活在各自的害怕与不安中。没有安全感，似乎是这个时代人人都会有的感受。

那什么是安全感呢？从心理学的角度解释，安全感是“一种从恐惧和焦虑中解脱出来的信心、安全和自由的感受，特别是关于满足一个人现在和将来各种需要的感觉”。想象一下，你恐高，很害怕坐摩天轮，结果你被人强行带到摩天轮的座椅上坐了一分钟。这一分钟的时间里，你感到紧张、焦虑，内心充满不安和痛苦。熬过了这痛苦的一分钟，你从空中下来，落在地面上，这时候你会有什么感觉？是否会有那种放松、自由、脚踏实地的感觉？这就是安全感。

简单讲，安全感是一个人在生活中产生的一种稳定的不害怕的感觉。它包括三个方面的内容：确定感——这是肯定存在的，不会变化的；安全感——你觉得安心、放心，不会感到害怕、焦虑；控制感——这是你可以掌控和操纵的。焦虑常常是缺乏安全感的表现。你在某方面的焦虑程度，展示了自己在这方面安全感的程度。

/ 一、不安全感是一把双刃剑 /

没有安全感，终日惶惶不安，焦虑痛苦，时间久了会得心理方面的疾病，比如焦虑症。没有安全感甚至会导致身体生病。近年来的科学研究表明，后天性肾脏病的心理成因和患者自身对存在的恐惧有很大关系。长期的焦虑也会造成消化系统方面的疾病。显然，不安全感让人很不舒服，很多人都有过不安、焦虑的体验，都想极力摆脱这种不好的感觉。但是我发现，有趣的是，很多人正在主动地、极力地选择不安全感，让自己处在不安全感中。

比如有的人上网浏览新闻，特别喜欢看那些负面新闻，哪里发生车祸，哪里有火灾，哪里有恐怖暴力事件发生……喜欢看这些负面新闻的人，在看完这些负能量十足的消息后，一类人的内心对这个世界的不信任又多了一分，更加认定这是个不安全的世界。他们通常会生出一种自鸣得意感：你看，我说对了吧，这个世界就是如此不安全！另一类人的内心会生出一种劫后余生的庆幸感：还好，这些事情不是发生在我身上，跟其他人的痛苦和悲惨比起来，我的生活其实还是很美好的啊！这类人会陷入自己活得很安全、很美好的幻觉中，长舒一口气的同时，会生出一股优越感来。

我们可以看出，前者是“我是正确的”，后者是“我是特别的”，这两种内心信念都会增强一个人的确定感和控制感。其实，喜欢看负面新闻的人，无论是哪一类人，他们的本质都是在追求安全感。

很多时候，我们需要不安全感。为什么呢？因为不安全感推动我们不断进步。我们建造坚固的房屋，确立社会制度，设立法律与监狱，不断发展科技，探索宇宙的奥秘，增强国家实力，变得更富足、更强大……这一切都是因为我们受到不安全感的驱使，不断去寻求更强的安全感。

关于不安全感促进个人与社会的发展，我们还可以以一些民族为例。比如，日本是个岛国，因为地震灾害频发，他们建造的房子往往比其他国家的更坚固，更具有抗震性。因为资源有限，日本人更懂得合理利用资源，垃圾分类的推广做得非常出色。犹太人的例子大家更熟悉：他们的人口只占世界总人口的0.2%，可是，诺贝尔奖获得者中，1/5是犹太人，原因之一恐怕与他们潜意识里有被驱逐和迫害的阴影有关。因为不安全感，犹太人需要不断地证明自己，甚至要大幅度地超越其他人，所以他们凡事都会格外努力，因而取得了非凡的成功。

世界各地华人的例子则更多。我有个亲戚移民国外，从事家具生产与销售工作，因为不安全感，特别勤奋，特别能吃苦，所以比同样做家具生产的当地人更能赚钱，后来成功创办了属于自己的公司。

我有个女友从小家庭条件不好，上初中的学费都是父母从亲戚朋友那里七拼八凑借来的，大学的时候也是依靠助学贷款才完成学业。物质上的匮乏带给她很强烈的不安全感。我曾问她不安全感给她带来了什么，她说："虽然不安全感让我一直活得焦虑和紧张，但它让我考取了好大学，让我不断地努力工作，赚到更多的钱，让我比同龄人更早拥有自己的房子和成功的事业。"

心理咨询师李子勋说："要感谢不安全感给人类生活带来美丽多彩。"对此，我很赞同。不安全感是一把双刃剑，它在让我们痛苦的同时，也让我们的生活变得多姿多彩。从这个角度看，不安全感也不完全是一件坏事，也许我们可以轻轻地对它说一句：你好，不安。

/ 二、我们为什么会如此不安 /

我们的不安全感跟时代是紧密相连的。当今世界，没有哪个国家像中国一样发展得如此快速，一切仿佛瞬息万变，我们对未来会如何选择以及应该如何选择茫然无措。我们仅仅用了几十年就走完了别人一两百年才走完的发展历程。同样的，发达国家在过去200多年里遇到的所有问题，中国在短短几十年里都遇到了，食品与交通安全，环境污染，贫富差距，城市高速发展带来的生活、就业与婚恋方面的压力……因此，这个快速发展、充满变化的时代有很多不安全感的诱因。

除了外部环境的因素，我们如此不安的另一个重要原因则在于我们的内心。现代社会中，每个人的内心都是如此不安，有的人害怕没钱，有的人害怕生病，有的人担心自己的婚姻不稳定，有的人害怕年龄大了找不到对象，有的人担心失业，还不起房贷，有的人对自己未来的生活充满不安与迷茫……每个人似乎都踩着自己的不安与害怕，背负着内心的忧虑与焦灼，如履薄冰地生活着。

我身边有一些朋友因为小的时候物质匮乏，在经济上充满不安全感，所以拼命地挣钱，以为有钱就会有安全感，所以他们的生活一直围绕着赚钱展开。但是，他们发现赚钱似乎永远没有尽头，月薪从3000元涨到3万，内心还是不满足。他们活得很焦虑，很不安。心理学家张怡筠就见过一个拥有5000万元存款，但还是活得非常焦虑、很没有安全感的女人。这说明金钱与安全感的关系并没有我们很多人想象的那么紧密，也说明物质匮乏与否和我们的心理尺度有关，每个人的心理尺度是不同的。有的人月入2000元就感觉充满安全感，而有的人月入20万依然没有安全感。

一般来说，如果你六个月没有收入，还能保持良好的生活状态，就说明你有足够的安全感；如果你感到不安和焦虑，就说明你的不安全感是不太有现实感的。那些已经有很多钱但还是感觉物质匮乏的人常常是心理上匮乏，这是内心没有安全感的外在表现。这种时候，不应该去追求更多的金钱以使自己有安全感，而应该去看看还有什么其他方式能让自己获得安全感。

有很多女读者写信向我倾诉她们在婚姻中的不安全感，比如偷看老公的手机，翻看他的钱包，控制他的经济，对方一花钱，短信就会发到自己手机上，要求对方在房产证上写自己的名字……这些女性的不安全感跟整个社会离婚率上升、出轨导致婚姻不稳定等外部因素有关。她们渴望拥有长久而稳定的婚姻，但她们过分看重婚姻的外在形式，她们这样做不仅不能带来安全感，反而会让婚姻关系更加不稳定和岌岌可危。

稍微了解马斯洛需求层次理论的人都知道，安全感是仅次于生理需求的基本需求，而婚姻除了满足安全感方面的需求，更应该满足“爱与归属”的需要。放弃情感的需求，转向物质带来的安慰，其实本身就是一种倒退。在我看来，增加彼此的信任，加强情感的沟通和联结，营造充满爱的亲密关系，才是让她们获得安全感的方法。

在一个家庭中，女性常常是营造家庭安全、和谐气氛的关键人物，这一点从中国的汉字中就能看出来。“安”字中的“宀”本指房屋，引申指后院，“女”指妇孺、家眷。“宀”与“女”合起来表示“家属有住所”。“安”的本义是家属有稳定住处，引申为后院平静，后方稳定。所以，我们可以简单理解为：如果一个家庭里有女人，而且这个女人是情绪稳定、平静温和之人，那么这个家庭就有安全感了。但是，我看到的现实是，中国有太多的母亲不是情绪稳定的人。

我曾在地铁站的服务中心遇到一位抱着西瓜的母亲，她让自己八九岁的女儿问工作人员最晚的一班地铁是几点钟。她们一个在站内，一个在站外，中间仅隔着一道齐腰高的隔离栏。孩子按母亲的要求问工作人员，工作人员问孩子往哪个方向去，女儿便回头问母亲。母亲一时回答不出来，女儿以为母亲没听清，又问了一遍。没想到，这位母亲居然瞬间恼羞成怒，当众大骂女儿“蠢猪”“笨蛋”。孩子感到莫名其妙，呆若木鸡地站在那儿。周围的陌生乘客看到这一幕也惊呆了。可是，仅仅过了一分钟，母亲就像任何事都没发生一样招呼女儿到自己身边，将手中的西瓜从隔离栏的这一边递给另一边的女儿。女儿有些尴尬和手足无措，不知道该如何回应母亲。

我把这件事情发到了豆瓣广播里，一会儿工夫，就有很多网友回应。其中，网友曼达君留言说："我妈也是这样，逢人就说我有多糟糕，我也曾被其在公共场合大骂神经病，现在我的情绪还算稳定，只是想到将来教育子女，就感觉压力巨大，不知道自己的举动何时就会让孩子有童年阴影。"不可否认，我们的很多创伤来自家庭，尤其是当我们有一位情绪不稳定的母亲时。

就如汉字中的"安"字所传达的意思一样，在一个家庭中，男人普遍对情绪不敏感，安全、温暖的气氛更多地要靠女人营造。如果从更深的心理层面上寻找缺乏安全感的原因，母亲对一个人的安全感有很大影响。一个人小时候与母亲的关系如何往往决定了他长大后有多少安全感。

无论是弗洛伊德的理论还是埃里克森的人格发展理论，都强调孩子在0～1岁是形成安全感的重要时期。埃里克森认为，个体在这个时期处于基本信任/基本不信任的阶段。个体在刚出生的一年里十分弱小，孤立无援，几乎完全依赖成人的照顾。

通常幼儿的主要照看者是母亲。在这一时期，如果母亲能恰到好处地满足幼儿的需要，让孩子感觉慈爱温暖，幼儿觉得自己有所依赖，不必担心母亲会离开自己，而使自己失去照顾，那他就会形成基本信任感。这种信任感包括对自己和对别人的信任。反之，幼儿就会形成基本不信任感。埃里克森进一步指出，如果这一阶段的危机得到了积极的解决，那么个体在人格中就会形成一种希望品性，他就会更注重自己未来的发展，对未来有美好的憧憬和希望。而缺乏足够的信任感，个体就会为当前的需要是否能够得到满足而担忧，往往会被目前的局面所束缚。

如果说中国人普遍缺乏安全感，那是否意味着我们和母亲的关系没有建立好，母亲没有给我们足够的安全感？母亲为什么没有办法给我们足够的安全感？这个问题必然会涉及更深层次的文化与社会问题。是在中国几千年重男轻女、男女不平等的观念下，母亲们的潜意识中都含有不安与恐惧的因子？是国家针对女性的社会保障制度不完善，女性生产之后没有得到足够的产假？是一位新生儿的母亲又要工作又要忙家务，没时间好好照顾孩子？是丈夫对她不够好，没有给她养育孩子所需要的安全环境？还是父母们都进城工作，将孩子留在农村，让老人抚养？

记得心理咨询师铁皮娃娃说过一段话："善于调节自身情绪，也善于包容他人情绪的女人，就为一个家庭带来了安全、平安、安稳。而一个情绪化的、喜怒无常的女人，对家庭的伤害甚于男人。当然，女人的安全感也离不开男人。男人对女人的爱以及男人在经济上为家庭营造的安全感，是女人安全感的来源。"它强调了女性在安全感的营造上发挥着重要作用，以及男人要给女人安全感的重要性。我们应该认识到这一点：如何给中国女性安全感的问题不仅涉及女性这个群体的幸福，还牵涉到整个民族的安全感和幸福感。

/ 三、在这个不安的世界安静地存在 /

我想问问，大家是怎样看待安全感的问题的。一方面，我们要看到这个世界上本没有绝对的安全感。克尔恺郭尔说：“总是生活在不安全的状态中，焦虑是永远的伴侣。”这句话基本上概括了人的一生。没有什么人和事物是我们能够完全掌控、百分之百确定不会发生变化的，在人生的每个阶段，我们都要与各种不安为伴。

拥有绝对安全感的人是不存在的，即便存在，他也不可能在这个世界上生活得很好。他会被骗、被伤害，甚至会因为看不见危险而做出过分冒险的事情，导致自己丢了性命。一定程度的不安全感有利于个体的生存。另一方面，我们也要清醒地看到，真正的安全感只能来自内心。想要通过不断追求物质给自己带来安全感，只能是徒劳。一个内心没有安全感的人，再多的物质也消除不了他的不安。

过去的已经无法改变，我们不能重新回到一岁之前，让母亲再养育我们一遍。但是，只要我们有察觉，就可以在当下做一个选择，成为真正的自己，为自己负责。我们可以选择自己给自己安全感，而不再受父母的影响。在这不安的世界里，如何活得安心？如何自己给自己安全感？为此，我们可以做些什么呢？改变自己面对生活的态度和生活方式，是我们每个人都可以去尝试并且能做到的。

1. 建立生活的秩序感。我每次因为焦虑和烦躁写不出东西的时候，就会起身将自己乱糟糟的办公桌收拾一番，将房间打扫干净。当我看到整洁的外部环境时，我的心情也跟着愉快起来，灵感就不期而至了。古人说，一屋不扫，何以扫天下？真是至理名言啊！这可以推广到生活的方方面面，一个人如果生活混乱，晨昏颠倒，工作不稳定，家里的小环境弄得脏乱差，就很难有安全感，只会感觉焦虑和烦躁。相反，一个人如果有好的习惯，将生活的很多方面处理得井井有条，那他不仅会建立自己生活的秩序感，也会获得更多的安全感，一定会干成大事。

小到一个人的生活，大到一个国家的发展，秩序感都能带来安全感。现在，北京、上海等大城市的交通日益拥堵和混乱；每年春运期间，因为混乱无序和不公平，很多人买不到回家的车票；每到“五一”“十一”假期，旅游景点就变得混乱不堪……如果我们的社会能建立起秩序感，相信一定会更安全、更好地发展。

2. 避免或减少与他人比较。如果你想让自己活得不安与痛苦，只需做一件事就够了：与别人比较。很多人活在相互攀比中，总有人长得比你美，挣钱比你多，住的房子比你的大……事实上，我们大多数人都是比下有余、比上不足的，而我们通常又喜欢往上看，于是我们总感觉不满足、不安，自己把自己搞得不开心、不幸福。在比较中，我们毫无安全与幸福可言。

相反，只要减少与别人比较，你就可以减少焦虑，提升自己的安全感。现在，很多人急吼吼地向前冲，唯恐自己落后于他人，迷失了自己，丧失了安全感，活得身心疲惫。如果你和自己比较，看见自己的点滴努力和进步，把焦点放在所拥有的东西而不是不足之处上，你就会感到内心充实，有安全感，对生活充满感恩之心。

3. 建立充满爱的联结的支持系统。什么是支持系统？简单讲就是你的至爱亲朋。俗话说，一个好汉三个帮，一根篱笆三个桩。我们每个人都生活在群体中，都离不开身边的家人、朋友的支持与帮助，好汉都要三个帮，我们这些非好汉就更需要帮助。建立一个充满爱的联结的支持系统，可以帮助你这艘船在触碰到生活的礁石时顺利脱离危险，继续向前航行。所以，要经营好自己的人际关系，不论是与家人还是与朋友和同事，让自己处在爱的联结中，这样，你内心的孤独感就会减少，安全感也会增强。

4. 允许自己慢慢来，找到属于自己的内在节奏。我认识一对恋人，他们打算结婚，但是没什么存款。他们并不着急，6月拍婚纱照，7月买家具，8月买家电，9月买戒指……就这样慢慢准备了10个月，然后开开心心地结婚了。在这个过程中，他们的感情也得到了升华。

在这样一个急剧变化的时代，人们很容易被外界裹挟，因此更需要慢下来，把关注点拉回到自己身上，允许自己慢慢来，找到属于自己的生活步调。慢，是为了给自己的心灵一点空间，给自己的成长一点时间，也让彼此好好相处与相爱，在这个不安的世界上确立属于自己的安全感，为了自己而活着。

真正的安全感只可能来自于一个地方，那就是你的内心。就像我在《慢慢来，一切都来得及》一书中说的那样："真正的安全感不是来自外部物质的赋予，而是来自内心的平静和充盈，来自对自己的相信和对人生的笃定，可是要获得这些都需要人生经历的慢慢累积，需要吃过生活的苦头，经历过许多事，见识过很多人，还要有自己的修养和悟性，才能做到平和冲淡，不忧不惧。" 所以，我们需要的是成长的时间。每个人都是一粒种子，让自己的生命与时间共舞，从容地生活，就能绽放出灿烂的生命花朵。

你的心理按钮是什么？

/ 一、外面没有别人，只有你自己 /

某天清晨，我在路边排队买煎饼，排在我前面的是一名穿着校服的小学生。他原本安安静静地排着队，忽然，他侧过身，朝着马路对面喊某人的名字。我顺着他喊话的方向看去，马路对面是另一名和他穿一样校服的小学生，应该是他的同学吧。但是，这位同学似乎没有听到他的呼喊，自顾自地往前走，消失在马路的转弯处。

“距离太远了，他没听见。”我对着站在我前面的小学生脱口而出这句话。对方没有回应我，买好煎饼就走了。我有一丝尴尬，但是尴尬感并不强烈，取代尴尬感的是一份好奇：我为什么会对他说那样的话呢？我当时有什么感觉？

自我分析下来，原因是我认为这个男孩会因为他的同学没理会自己而沮丧、失落、难过。我对他说“距离太远了，他没听见”这话是想安慰他，但我想安慰的对象真的是眼前的这名小学生吗？不，是我自己。

从小到大我都害怕的事情之一便是：我和别人打招呼，别人不理我，或者别人和我打招呼，我没听见，对方以为我故意不理他。如果我像这名小学生一样和别人打招呼，无论对方听没听见，如果他没有理会我，我都会感觉很受伤，认为对方是故意不理我（啊，我好玻璃心）。反之，别人和我打招呼，我没有回应，事后对方问我：“我那天叫你，你怎么没理我啊？”我会害怕和紧张得要命，怕他误会我故意不理他，所以我会拼命摆手，赶忙解释：“不好意思啊，你是什么时候和我打招呼的？我那时候没有听见，你不要误会啊！”

“别人不理会我”和“别人误会我故意不理他”，这就是我的心理按钮。认识到这一点后，我轻松和清明了许多，也可以用这个发现解释自己的很多行为。比如我在豆瓣上通过邮件进行情感问答，有人因为我没有回复他的邮件而不停地发邮件来追问我：你怎么不回我邮件呢？你怎么不理我呢？我就会很焦灼，心想：“你怎么这样啊，我可是免费给你解答啊，我有自己的工作和生活，不能24小时给你回邮件啊！”相比愤怒的情绪，我更多的是有一种受伤的感觉，一种不被理解的委屈。

在人际交往中，如果我们常会莫名其妙地被别人激怒，然后怒气冲冲，小题大做，那很有可能是别人恰好按到了我们的心理按钮。

心理按钮是我们在成长过程中设定在自己内心的“心理程序”。别人说了某句话或做了某件事，就好像按了我们的心理按钮，快速启动了这个“心理程序”。经过自己心中程序自行地解释与处理，我们会产生某些情绪或行为反应，通常这些情绪和行为反应都是比较负面的，我们会感觉自己被人激怒了或者被人伤害了。

我有个男性朋友，各方面条件都不错，只是身高低于170厘米。有一回朋友聚会，谈话的过程中，某个女性朋友说自己择偶的要求之一是对方身高超过175厘米，因为她的身高是165厘米，她不想让自己穿上高跟鞋后看起来比对方高。这原本是很正常的想法，没想到我的这个男性朋友眉头紧锁，立刻愤怒地大声质问这位女士：身高不超过175厘米就没资格成为好伴侣吗？你这是偏见、偏见，知道吗？！当时大家都惊呆了。事后，他也觉得很不好意思，但是当时他真的很愤怒，而且难以自制。他说的那些话完全是他自己的解读，对方并没有表达“身高不超过175厘米就没资格成为好伴侣”这一观点。

我能够理解他为什么会有这样的反应。他在上学和恋爱的时候都曾因为身高问题遇到一些挫折，被同学取笑，被喜欢的女生拒绝。因此，尽管他的事业发展得很顺利，但“个子矮”是他的心理按钮。如果别人笑他个子矮，或者别人不小心按到有关“个子矮”的心理按钮，他就容易愤怒，难以控制自己的脾气。

在亲密关系中，心理按钮很容易被发现，也很容易破坏彼此的关系。

有时，我们会因为对方无意间的一句话、一个表情或者一个行为就暴跳如雷、怒不可遏。这多半是因为他（她）按到了我们的心理按钮，也许是他（她）的言行勾起了我们童年或成长过程中的痛苦回忆与情绪。

我有个女友，只要看到老公下班后或周末在家休息，坐在客厅里一边看电视一边打瞌睡，她就难以忍受，尤其是看到对方打着瞌睡，头一点一点的样子，她就会勃然大怒，恨不得拿把刀把老公劈了。原来，小时候，她父亲经常失业，而且很懒惰，失业了也不去找工作，整天窝在家里无所事事，躺在沙发上看电视或睡觉，也不做家务，有时候还骂她母亲做饭难吃。家里的生活条件也不好，经济来源基本上靠她母亲，所以她母亲很辛苦，经常教育她做人要勤奋、要努力，不努力打拼就一辈子受苦。每当她看到老公坐在沙发上看着电视、打着瞌睡的样子，她心里就充满了对父亲的不满和愤怒，以及对贫困生活的焦虑和恐惧，仿佛童年的痛苦经历再次在她身上上演。因此，她和老公常常吵架。

举个我男朋友的例子。他最痛恨我说他“没用”或者“软弱”之类的话。我偶尔无心的一句“你没用”就会激起他强烈的反感，使他陷入低落和受伤的情绪中。这个按钮会扩大化，凡是涉及“没用”之类的主题都会令他很不舒服。有一次，我对他说：“你好像不会拒绝别人的不合理要求啊！”他却解读为我在指责他没用，说他性格软弱。他之所以这么解读，是因为他有个“我没用”的心理按钮。男友在上幼儿园和小学时，因为比同班的孩子年龄小，人长得又瘦又矮，所以经常受到同学的欺负，跟同学打架也打不赢，找大人说理和帮忙，大人不仅不帮忙，还会嘲笑他没用。我无意间说了一句“你真没用”，就像踩到他内心的地雷，在他内心炸了一个大坑。他似乎又重新经历了童年被同伴欺负、被大人嘲讽的痛苦。

/ 二、越害怕，越要去面对 /

每个人的心理按钮都很独特。你的心理按钮并不是别人的心理按钮，有时候，让你暴跳如雷的一句话或者一个行为，在别人那里完全不是事儿。比如，我怕别人不理我，或者误会我故意不理会他，而我的男友完全没有这方面的问题。有的时候我对他说“我不理你了”，他会说“那我理你啊”。我指责他“你怎么不理我”，他会很耐心地解释。相反，如果他对我说“你真没用”，我会笑着说“所以才需要你啊”。我从小在同伴、老师和大人的肯定中长大，“你真没用”不是我的心理按钮，无法启动我的心理程序，所以，无论对方怎么笑我没用，都无法使我生气。

看到这里，很多人都会明白，并不是别人令我们生气、愤怒、不舒服，而是我们自己心里有按钮，我们的负面情绪和痛苦常常与别人无关，别人只不过是无意间按了这个按钮。还是那句话：外面没有别人，只有你自己。有的人有很多心理按钮，别人走过来一下就按到他的一个心理按钮，走过去一下又按到他的另一个心理按钮。他的内心就像地雷阵，常常处于红灯警报呜呜响的状态，生气、愤怒、受伤等负面情绪也常出现。而有的人的心理按钮很少，因此，在人际交往中，他心里的雷区更少，更少与人产生摩擦，人际关系更轻松和谐。

首先要明白的是，并不是别人故意令我们不爽和生气，而是我们心里有没有填补的洞和坑，有没有抚平的创伤在隐隐作痛。让人真正生气的对象也不是别人。按照心理学家黄维仁博士的话说：我不是对你生气，我是“对我心中所经验到的（或我眼中所看到的）你”生气。

其次要明白，我们不能指望和强求别人不按我们的心理按钮，我们无法控制和改变他人的言行，也无法命令别人：你不许让我难受。就算我们这么要求，别人也不能百分之百地配合我们。更不要把过错推给父母，怪罪父母或者过去曾伤害我们的人，这么做无济于事，只会浪费自己的精力，错过成长的机会。

你要做的永远是改变自己，更改自己的心理程序，减少自己的心理按钮，为自己的幸福和快乐负责。另外，在人际互动中，对方因为我们仅仅说了某句平常的话而愤怒，并不代表他（她）真的对我们生气，而是他（她）内心有一份伤痛没有治愈，我们按到了他（她）的心理按钮。每个人的心理按钮背后都有一处属于自己的成长创伤。看到这一点，我们对人就会多一份体谅、理解和宽容。

每个人的心理按钮都不同。有的人怕不公平，有的人怕被冤枉，有的人怕被冷落，有的人怕被别人说自己没用，还有的人怕不被爱……你的心理按钮是什么？你的心里又有多少按钮呢？这些按钮是不是别人不能触碰的，如果有人碰了，你就急，就痛苦，就浑身不舒服？

如果你因为别人无意间的言行而被激怒，先去察觉：我的内心发生了什么？是什么勾起了我内心的痛苦？这种痛苦从何而来？去看见和拥抱自己内心那个受伤的小孩。很多时候，我们一旦看见自己的心理按钮，治愈模式就自动开启了。

当我看见自己原来一直害怕别人不理会我时，我就开始变得不那么害怕别人不理会我了。当又有那种不好的感觉时，我会进行内心对话，会安慰自己：人家不是故意不理你的，这一点你很清楚，不然你去跟对方核实一下好了。然后，我会鼓起勇气问对方：你是不是故意不理我？得到的答案往往证实我的感觉错了。经过几次这样的程序更新，我害怕别人不理我的那个心理按钮就被撤销了。如果你有心理按钮，也可以这样先察觉，然后更新程序。

你可以通过系统脱敏的方式——直面它，反复地按动它——让它失灵，不再起作用。你越不触碰它，一旦触碰，它带给你的伤害就越大。当你敢于直面它时，它的破坏性就降低了，它就失灵了。你越害怕时，其实就是你越要面对和穿透它时。直面它，你会发现它其实并没有你想象的那么可怕。通过这样不断地自我修炼，我们就会变得更成熟、更圆满、更自在。

示弱是勇气，是信任，更是柔软

/ 一、示弱是门要好好学习的功课 /

几个月前，我写了一篇稿费2500元的稿子，因为坑爹的稿酬个税缴纳标准（超过800元要缴14%的税），约稿方比较同情作者，想帮我避税，但需要签四份合同（每几百元稿费签一份）和四个人的身份证复印件或扫描件。这时，我忽然不知道如何开口向别人要身份证复印件。现在，很多人都比较注意个人信息的安全问题，不会轻易把身份证复印件给你。我身边也没有家人，多年来建立起来的人际关系只有往来并不密切的同事、同学和朋友。更要命的是，不久前，我已经向三个比较要好的朋友要过身份证复印件了，实在不好意思再让朋友帮忙。

我加了一个闺密群，群里有几个从高中时代起就结识并一直保持联系的朋友，大家身处天南海北，通过这个群联络感情。我在群里提了自己的事情，她们拍了各自的身份证照片发给我，可是不是复印件或扫描件，派不上用场。这件事情困扰了我好几天，因为这件事情，我感到很焦虑，也感觉自己做人很失败，居然没能力多交几个可以随便借用身份证复印件的朋友！

那一天，一向只愿意展现自己坚强一面的我鼓起很大的勇气，在群里表达了自己的真实感受："这一刻我感觉很无助，很孤独，觉得自己这几年在上海做人很失败，我现在不知道向谁开口借身份证复印件。"我原以为大家会像以前一样相互打趣一番，然后这件事情就过去了，没想到群里的几个朋友先是很真挚地安慰我，然后积极地找单位里的扫描仪扫描自己的身份证，或者找他们的同事帮忙扫描身份证。几分钟后，她们就将电子版的身份证复印件发给了我，解决了我的难题。当时，我的感受可以用"震惊"这个词来形容，内心十分感动。我意识到自己要学会一门很重要的功课：示弱。

一直以来，我都以自己的独立、自信和坚强为傲，一个人在都市生活，能将自己照顾得很好。小的时候，我和男生打架，常常能打过他们，并得意扬扬。再大一点，我可以通过取得好成绩和当班干部继续展现自己强大的一面。恋爱时，我也表现出很明显的争强好胜和过分独立。在工作上，我想收入比男友高。在一起玩乐时，比如打羽毛球、打乒乓球时，我想打败他。在生活上，很多事情我都自己搞定，不需要男友帮忙。过去，我的几段恋情失败，有个很重要的原因，就是对方在跟我相处的过程中，觉得我并不需要他。有一回，我和男友一起去买大米，我居然和他抢着扛大米，最后自己扛着一袋大米走回家，他跟在我身后好气又好笑。

我是那么刚硬，一直懂得的是示强而不是示弱，争强好胜和过分独立是我的标签。就像歌里唱的那样："努力想微笑的样子""好像什么困境都知道该怎么办"。我和男友的这段恋情之所以能维持，关键是因为他承受住了那种"我不需要他"的感觉带给他的焦虑和不安，让我有机会在我们的关系中修行，让我有时间去学习示弱的功课，变得柔软。

/ 二、你为什么不会示弱 /

我们的社会和从小接受的教育都在极力推崇"竞争""胜利"和"强大"，因为资源有限和人口众多，"弱肉强食""物竞天择，适者生存"是我们极力认可的生存准则，这是我们的生存策略和保护机制。一方面它们让我们能够活下去，变得更强大，活得更安全、更舒服；另一方面它们就像铠甲一样将我们一层层地包裹，使我们与情绪、情感隔离。时间久了，我们甚至无法表达自己的情绪，我们的内心变得麻木，变得刚硬，缺乏敏锐和柔软，无法体验和感知许多真实、快乐、幸福，甚至无法触碰到真实的自己，无法过上一种更真实的生活。现代都市中，无论男人还是女人，身上都缺乏一种柔软的品质，他们丧失了轻盈的生存姿态，披着重重的铠甲，活得辛苦又疲惫。

男人们被教育“男儿有泪不轻弹”“男人流血不流泪”。我问过好多男性朋友，当感到孤独、受伤、无助、脆弱的时候，他们会怎么处理，会不会找同性或异性朋友倾诉？会不会找个肩膀依靠？答案都是自己一个人默默承受，默默消化。因为找人倾诉、依靠、示弱等都太令人羞耻，太难以开口，太婆婆妈妈，太不像男人了。

而原本充满阴性特质的女性却活得越来越“男人”。有很多单身的女孩，她们在工作上能力很强，很出色，人也长得漂亮，落落大方，在生活上也自主独立，能够一个人生活、一个人旅行，但她们找不到男朋友。她们很难开口向他人寻求帮助，哪怕只是一件小事，她们也难以向别人表达自己内心的需求和情感，无法展现自己脆弱和无助的一面，尤其是在亲密关系中。

如果男朋友不接她们的电话，她们心里想的是：“不接就不接，我还不想理你呢！”虽然也会伤心难过，但她们坚决不再给对方打电话。如果男朋友有事不能来赴约，她们心里想的是：“我自己也有其他活动，又不是没你就不能活。”尽管内心失落，但还是装成一副无所谓的样子。如果她们和男朋友好几天没见面了，心里明明很想念对方，这时恰好男朋友来找她们，她们既不会表达自己的感情，也不会对见面表现出主动和期待的样子，而是表现出那种“我都快忘了你”的冷淡……

她们不会撒娇，不会示弱，过分独立，在与恋爱对象相处时，总给人一种强势的“我不需要你”和极力证明自己的感觉。如果有人帮助她，她会浑身不自在。我一直以来就是这样的女生，也看到身边有很多这样的女生。不懂示弱、过分独立阻碍了她们去健康地依赖他人，与他人建立亲密的关系，获得更多的幸福感，也使得她们的内心日益孤独和悲伤。

为什么三岁小孩都会撒娇和示弱，我们却学不会?

这些过分独立、不懂示弱的女性，有的是从小家庭条件不好，或者是家中老大，被迫坚强，承担照顾弟妹的重担，分担家庭压力。有的是从小缺乏亲密和充满依恋感的母婴关系，没有向母亲撒娇的机会，或者是撒娇不成功，无法获得安全感和依恋感，长大后变得过分独立。有的是不甘示弱，从小看到母亲被父亲欺辱，怨恨并同情母亲的软弱，觉得女性被压迫，是弱者。所以，她们非常努力，希望自己和男人一样强大，她们不想被欺负和伤害，觉得柔弱是可耻的，极力想证明自己的坚强。还有的是受到父母的期待和重男轻女观念的伤害，父母希望自己的女儿独立、强大、优秀，不输给别人家的儿子，甚至给她们起的名字中都有“男”“强”等字眼。所以，女孩们像男孩一样成长，通过击败男性获得个人价值……

随着社会的进步，很多女性获得发展的机会，能够更大限度地展现自己的价值。很多女性认为，女人独立就是像男人一样，比如像男人一样强硬、残酷，推崇竞争，承担很多不属于她们的责任，争权夺利，不择手段。所以，她们变得非常独立、强势，遇到困难从不肯示弱，甚至要求自己连体力也要像男人一样，肩能扛大米，手能拎起桶装水。

她们的独立是一种阳刚味很重的独立，有一层非常坚硬的壳，这种独立缺乏女性的阴性特质，感觉像是在模仿男性，或者说像男人一样。她们的内在还是虚弱、不自信、不安全的，需要通过这些方式刻意地去证明自己的价值。我特别想对她们说，其实也是对我自己说：你不必成为男人，你只需要成为你自己。

/ 三、示弱是勇气，是信任，更是柔软 /

在接受心理咨询师培训的时候，关于面试的环节，好几位老师一再强调让我们学会示弱，即使考官指出我们的问题，也不要进行申辩和解释。当时我认为，老师之所以这样要求，是因为如果学员对考官示弱，展现自己谦逊的一面，考官们就会有高高在上、被人尊重的良好感觉，这有利于学员通过考试。后来我才体会到，老师让我们学会示弱，不仅仅是面对考官示弱，面对来访者，我们也要学会示弱。

在咨询过程中，你能不能做到不抢来访者的话，不打断对方讲话，而是耐心真诚地倾听，不以自己为中心，而是以来访者为中心？如果来访者让你帮他解决一个问题，你一时想不到办法，你能不能做到说“我现在也不知道怎样可以帮助你，但我愿意陪着你，和你一起去寻找解决问题的办法”？你是相信来访者是解决自己问题的专家，他能处理好自己的问题，还是相信自己能力很强，技术很牛，能搞定一切问题？如果你能做到这些，来访者在你面前就会更愿意打开自己的心结，与你有更紧密的联结。这就是一种示弱、一种勇气、一种信任，也是内在的真诚与柔软。

在做个案和参与成长团体活动的过程中，我也发现，示弱是现代人普遍缺乏的能力，学会示弱是一项困难又值得认真学习的任务，如同我们学习爱一样困难又重要。

有个男性来访者对我说，他在表现出脆弱的时候感到非常羞愧，在我面前暴露自己的弱点，他感到非常不安和害怕。我说，当你表现出自己的脆弱时，你已经不脆弱了。尽管你充满不安，你还是向我暴露自己的弱点，这展现了一种非凡的勇气。勇气不是不害怕，而是尽管害怕，还是愿意尝试。我很感谢你对我的信任，愿意将自己的弱点暴露给我，请你相信我，我不会伤害你。听了我的这番话，他的羞愧感少了一些，人也放松下来。他继续告诉我，他一直都想大哭一场，觉得哭出来，内心的压抑就会释放很多，但他就是哭不出来，不知道为什么。我想很多人都会有他这样的状态，这种无法哭泣、无法变柔软的状态，不分男女。

以前我看过一段话，很有趣。“自称‘人家’的女生，啥工作都不用做；自称‘偶’的，能省去一半的工作量；自称‘我’的，工作都是自己的；自称‘姐’或者‘爷’的，连男人的活都是自己的。”这里有开玩笑的成分，不过也说明了部分真实情况。你怎么称呼自己呢？是称呼自己为“人家”，还是“女汉子”呢？当然，学会示弱并不是推卸责任、偷懒、贪图安逸。

假设面临这样一种情况。原本定好的约会，男朋友因为工作上有事不能来赴约，一个女生说：“亲爱的，人家很期待见到你，特意打扮得漂亮点，你不来，人家感觉好失落、好伤心啊！”另一个女生就像前文提到的那些过分独立的女生一样，尽管内心失落，还是装成一副无所谓的样子，对男朋友说：“哦，没事，我刚好也有其他活动，又不是专门等着和你见面。”相信任何一个男人都会更愿意亲近那个会撒娇、会示弱的女生，会更愿意去保护那样的女生。

如果你是一个男生，女生向你撒娇、向你示弱，不仅会激起你男性的保护欲，让你觉得自己很强大，也会让你感觉对方信任自己。其实，任何人都喜欢那种觉得自己强大的感觉，也喜欢那种被人信赖的感觉。

示弱是一种需要学习的能力，也是一种灵动的智慧。坚强独立和示弱依赖不是矛盾对立的，坚强独立并不代表完全不依赖他人。一个成熟的人是灵动的，他有时候坚强独立，有时候也允许自己示弱依赖。而且，我们每个人都是社会中的一员，都处在人际关系中，彼此独立又依赖才能促进个体更好地发展。

我以前不懂得向男友示弱，后来开始慢慢学习。遇到需要自己费一番力气才能解决的事情，以前我都自己搞定，现在会经常让他帮助；下班很晚，或者遇到下雨天，我也会向他撒娇，要他来接我；买油买米这样的重活我都不逞强了，交给他搞定；两个人吵架、互不理会的时候，我会主动去亲近他，去示弱，去撒娇；我经常向他表达自己很需要他、有他可以依赖自己很快乐这样的感受……渐渐地，我发现我们更加依恋彼此，关系变得更加亲密。

我有个来访者，是个女孩，她一直害怕在别人面前展现自己真实的情感，尤其是脆弱的部分。无论是面对同事还是家人，她认为当自己展现脆弱时，别人会嘲笑她，会打击她，会看不起她，甚至会借此伤害她。直到有一天，她鼓起勇气向自己的妹妹表达了内心的感受——那些压力，那些遇到的困难，那些无助和脆弱的感觉。没想到她妹妹特别理解她，很真诚地帮助她，这让她很感动。同时，这也拉近了姐妹俩之间的距离，让两颗心靠得更近了。

有个很懂企业管理的老师曾和我说过，一个公司老板懂得示弱，敢于示弱，能够对自己的下属说“这个问题我不知道”，其实是一种内心强大的表现。他不怕自己的无知被人嘲笑，不在意下属怎样评判自己。当然，这也是对下属全然信任，表达愿意向他们学习的善意。这样做反而能够拉近他和下属之间的关系，大家更愿意跟着这样的老板工作。

另外，身心医学方面的研究也得出结论：过分独立、什么压力都独自扛着会影响身体健康，使人容易患上消化性溃疡。台湾的许添盛医师说："消化性溃疡的患者面对压力时，往往不愿意求援、示弱，并刻意忽略、否认、抑制内在渴求支持与爱的声音，独自扛下所有成败。他们不接受自己内在的阴性面，甚至嘲弄这份柔软、内向、好依赖的特质，于是身体也听从了这样的内在语言，促使胃以模仿子宫出血的形式嘲弄子宫的本质。"

示弱也常常表明了一个人自我接纳的态度，允许自己不强大，允许自己不完美，允许自己可以有弱点。他还说："每个人不论性别为何，内在同时都有一个男人和一个女人，意即阴阳两个部分都渴求被满足、被接纳。我们内在的男性渴求冒险、创造和自由，内在的女性则渴求被爱、依赖与包容，两者对我们的身体都有好处。"所以，平衡好独立与依赖、坚强与软弱，会促进我们的身体健康。

人的一生有两种重要能力需要学习，一种是独立自主的能力，一种是依赖他人的能力。你会不会示弱，会不会健康地依赖他人，其实表明的是你内心是否有足够的安全感。示弱、撒娇、依赖他人是一种勇气，是一种信任，更是一份柔软。一个人如果有足够的安全感，就会将自己柔软的部分展现给别人。他就会相信别人，相信自己，能够共情别人，感受到别人的感受，也能够让别人感受到自己的感受，从而很好地与人建立起有意义的爱的联结，让自己的内心充满活力，不再孤独无助。

只有悲伤才能治愈悲伤

/ 一、好好告别，重新开始 /

在心理咨询师的培训课上，老师讲了一个案例，让我感触颇深。来访者是一位35岁左右的女士，患有恐惧症。她惧怕的不是特定的动物或血之类的东西，而是特定的场所，不是广场或电梯这类比较让人容易患恐惧症的场所，而是自家的地下室。她从来不敢踏足自家的地下室，如果迫不得已要去地下室，她一定会让自己的孩子陪同。即便如此，她也会因恐惧而心跳剧烈，汗流浃背，四肢颤抖。当被问到为什么会恐惧地下室时，她说她感觉地下室的地底下埋了一个死人。

患心理疾病跟一个人内心的压力或冲突有密切关系，从表面上看，这位女士自己的事业发展顺利，丈夫对她温柔体贴，两个孩子也聪明乖巧，谈得上家庭和谐、事业成功，似乎看不出她患心理疾病的原因。

后来，在谈话过程中，咨询师才得知她现在的丈夫是她的第二任丈夫，她的第一任丈夫因遭遇车祸而去世。车祸发生后，她一个人料理丈夫的后事。后来，她开始一个人生活，发展事业，恋爱，再婚，生孩子，生活得很不错。她单位里的同事和身边的许多朋友甚至不知道她曾经遭遇过丈夫突然去世的人生重创，因为她没有向其他人说起，也没有将哀痛表现出来，一个人处理和应对了许多艰难的问题，她甚至很少哭。

后来她搬过几次家，亡夫的照片、学位证、获奖证书、他们恋爱时写的书信，她都舍不得丢掉，放在地下室里。当她意识到自己的恐惧症跟亡夫有关时，她问咨询师要不要扔掉这些东西。咨询师说，只有先整理了自己的情感再去处理这些遗物，才能对她更有帮助。也就是说，她要重新去哀悼，去宣泄内心的伤痛，去释放自己的悲伤，去跟亡夫告别，然后再来处理这些遗物。结果可想而知，经过哀悼和悲伤的洗礼，这位女士摆脱了对地下室的恐惧，过上了健康的生活。

听完这个案例，我忽然明白了丧葬仪式存在的意义，它不单单是为了祭奠死去的人，更是为了让活着的人能获得平静，继续努力地生活下去。我爷爷过世时，我回去奔丧。之前家里人跟我说，当我到进村的那个路口时，一个堂姐要哭着去接我，然后我们两个人一路哭回去，回家后洗手、焚香、哭拜。我当时还有点担心自己哭不出来。后来，不知道为什么，当我到村口时，没有人来接我。坐了一夜火车、一宿未睡的我回到家，洗了手，吃了点东西，换上麻衣，直接来到灵堂。灵堂安放着一张桌子，桌子两侧挂着白布、幡旗，桌上摆着供品、香炉、烛台和长明灯等。我燃了香，对着爷爷的照片跪拜，说了一句“爷爷，我回来了”，就忍不住失声痛哭起来。

家里请了乐队，还请了三位道士做了三天三夜的法事，亲戚、宾客吃了三天的酒席。我们这些子孙披麻戴孝，在喧嚣又激昂的乐声里，在道士下令跪拜、痛哭和短暂的昏睡中度过了三天。几乎每隔一两个小时我们就要起身，跟着身披道袍、手持法杖和拂尘、口中念念有词的道士一起行走、转圈、下跪、磕头、弯腰拜拜，他念什么，我们就跟着念什么。吊唁仪式要哭，超度仪式要哭，送葬仪式要哭，下葬仪式要哭……有时候手上的那碗饭还没吃完，丢下饭碗就开始哭丧。有时候旁边有人看我们太辛苦，会对我们说“哭两声意思下就好啦”。

记得下葬仪式结束那天下午，我们抬着纸房子和一堆“金元宝”，在村口的桥墩旁围成一圈，人手各执一根竹枝，看着熊熊大火，一边拼命挥舞手中的竹枝，一边喊“阿爸，快来拿啊！”“爷爷，快来拿啊！”“这些都是给你用的！”堂哥的儿子才三岁多，也跟着大家一起挥舞竹枝，脸上兴奋的样子像过节，大家看着都觉得好笑。在这个仪式开始前的准备时间里，我们这些孙儿就拿着竹枝在河边互相追逐玩闹。

整个葬礼过程时而悲伤，时而温馨，时而富有黑色幽默，很像刘梓洁在《父后七日》一书中描述的那样。这些仪式既是做戏也是真情流露，既荒谬戏谑，又饱含深情，给我们释放自己悲伤的时间和空间。

中国的传统文化中有那么多对逝去亲人的纪念仪式：葬礼、头七、三七、五七、七七、百日、清明祭扫……人们在这些日子里寄托哀思，表达对亲人的敬意和怀念，通过这些仪式将内心的悲痛宣泄出来，哭出声音，流出眼泪，真切地感受着自己的悲伤，渐渐地恢复内心的平静，然后继续正常地学习、工作和生活。

/ 二、为了出发去告别 /

有网友写信来问我，怎样才能忘掉EX（前任）？需要多长的时间？分手的痛苦让她想逃避一切去尽快忘记前任。她内心总有一个声音在看不起她、鄙视她：你真没用，给我坚强点。其实，问这个问题的人短期内都不会忘掉前任。曾经失恋时，我一天不想前任就在纸上画一笔，某一天，当看到纸上画满的几十个“正”字时，我忍不住号啕大哭。我知道其实自己每一天都在想念他，我强迫自己去忘记，去坚强，结果反而使自己更加痛苦。失恋了就去哀伤、怀念，发泄自己的痛苦，给自己恢复的时间，不要强迫自己去忘记。当你不再去想还要多长时间才能忘记他时，就忘记他了，你也走出了失恋的忧伤。压抑自己反而不容易让自己好好地跟过去告别，唯有真切地感受悲伤，才能治愈悲伤。

无论是亲人的离世还是一段感情的结束，失去总让人感到悲伤，悲伤时不必假装坚强，不要压抑自己内心的痛苦，更不要因为害怕而逃避。去直视，去感受，去怀念，去哀伤，发泄出来。只有这样，你才不会被悲伤压垮；只有这样，你才能做到真正的告别，重新出发，继续生活。

在吉本芭娜娜的《厨房》一书里，失去所有亲人、只有在厨房的冰箱旁才能安睡的少女樱井美影，被曾经受过她奶奶照顾的母子收留。母亲惠理子是个变性人，儿子田边雄一寡言少语，三个各有悲伤的人在一起共同生活，悲伤与悲伤相遇、碰撞……从这家人井井有条又温暖的厨房出发，美影的悲伤慢慢被治愈，走出了孤独。我会想，如果不是这种奇怪的家庭组合，美影也许就走不出悲伤，因为他们本是伤心人，能够理解她的悲伤。

在心理咨询界流传着这样的说法，来学习心理咨询的都是正在遭受内心痛苦的人，做得好的心理咨询师都是患过心理疾病的人，甚至病得很严重。我能想到的这样的心理学大师就有好几位。比如荣格，他长时间患有精神病，出现过幻视、幻听现象。患病期间，他深入探索了自己的无意识心理境界，沉湎于自己奇特的想法、梦和想象中。他努力发现人格的真正本质，后来发表了新的人格理论。再比如个体心理学创始人阿德勒，他在家中排行老二，个子矮小，长相丑陋，幼年时患软骨病，身体活动不便，四岁才学会走路。在身体健康的哥哥面前，他总是自惭形秽，超越自卑以及与哥哥、同伴竞争成了他生活中的重要内容。可以说，他后来提出的著名的自卑与超越理论是他自己个性发展的真实写照。

还有森田正马，他自幼体弱且有神经质倾向，12 岁时仍为夜尿症而极度自卑，16 岁时患头痛病，常常出现心动过速的症状，大学的时候得了神经衰弱。他还曾因生父母的气，想当着父母的面自杀。他因自己的神经症而创造出了治愈神经症的新疗法——森田疗法。这些例子再一次说明：只有悲伤才能治愈悲伤。

《厨房》的结尾处，美影对自己说："我会不断成长，经历风霜，经历挫折，一次次沉入深渊，一次次饱尝痛苦，更会一次次重新站起来。我不会认输，不会放弃。"当你面对失去时，无论你是坚强的人还是软弱的人，都要去为自己的失去而哀痛，不压抑，不逃避，更多地去品尝悲伤的滋味，饱尝痛苦的感觉，让悲伤治愈你的悲伤。这样，你将会更加坚强，你将会再次站起来，活得更好。

从清醒的痛苦中生发出智慧

/ 一、多年来与自怜狭路相逢 /

一次团体心理活动结束后，大家聚在一起聊天。有个小女生说起自己深夜看完演出，没有赶上末班地铁，独自一个人走在回家的路上，看着道路两边大楼林立、万家灯火时的内心感受。她还没有讲完，在一旁的我就插话了。我一边做出抹眼泪的动作，一边说："你那时候肯定在自哀自怜，我好可怜啊！"没想到我的动作和话语逗得在场的每个人都哈哈大笑，包括那个小女生。为什么我会有这样的反应？因为那种自哀自怜的感受对我来说实在太熟悉了。

在广告公司工作时，我常常出差去外地提案，无论是带着困意出门的凌晨五点，还是带着疲倦归来的深夜十二点，我都会陷入那种自哀自怜的情绪中。如果看着上海流光溢彩的夜景，那种自哀自怜的情绪绝对会泛滥成灾。通常我会头靠着出租车的车窗，脸贴着玻璃，学张爱玲那样仰起头望着上海的夜空，陷入自怜的情绪中无法自拔。加班的夜晚，如果回家路上遇到下大雨，又没带伞，那种自怜感便会油然而生。感冒生病时，自怜感也会乘虚而入……

后来，我开始从事自由职业，自怜感依然如影随形。在外头办两件事的空当，不能回家又无处可去时，或者在外面结束了一个时段的工作，下一个时段的工作尚未开始时，自怜感便浮上我的心头。世界如此之大，却无自己的一隅容身之所，那种无依无靠、人生如浮萍般的漂泊感瞬间将我吞没。

无论我去咖啡馆还是去公共图书馆消磨时间，那种自哀自怜的感觉都无法减轻。如果恰好那天我去的咖啡馆人多吵闹，咖啡又难喝，那简直是雪上加霜，自怜感会如癌细胞分裂，变得愈加强烈。更糟的是，我讨厌处在自哀自怜中的自己，我会不停地追问：你为什么要这样自哀自怜呢?

所以，有很长一段时间，我都处在自哀自怜中，同时又对自己这样自哀自怜感到不满。也就是说，每当我陷入自哀自怜的情绪中时，我会遭遇双重的情绪困扰，一是我的自哀自怜，二是对自己这样自哀自怜的不接纳与不满意而导致的自我谴责。

唯一让我感到安慰的是，经过多年与自怜狭路相逢的体验，我开始认识自我，开始有所察觉，每当自怜找上门时，我心里都会说一声："哦，你又来了。"刚开始说这话的时候，我是沮丧和无奈的，后来变成了顺应和接纳，内心的对话也变成了"哦，你又来了，欢迎欢迎"。这时，我似乎不再讨厌这样自哀自怜的"我"了。

某一天，我在外面办完了一件事，跟往常一样等待两小时后的另一场活动，自怜感又来了。我对它说了"欢迎"之后，先找了一家小店吃了一顿午饭，然后进了地铁站里的一家麦当劳，里面人很多，还放着流行音乐，我坐在座位上静心看了一小时的书。那段时间，我正准备考试，看完书，我又做了半个小时的考题。等回过神来，我才意识到自己居然没有一丝一毫的自怜，而是获得了一种幸福充实的感觉。即便过去了很久，当我再次想起那一瞬间的幸福感时，我依然感到愉悦平和。

这一次的成功经历让我深切地体会到，抛开自怜的最好方法是掌控自我。我想起以前读过的《哈佛幸福课》一书里描述的一项研究。研究人员送给一家养老院的老人一盆室内植物。其中一半老人被告知，这株植物的照料是由他们负责的（高控制组），而另一半老人被告知，工作人员会负责这株植物的照管工作（低控制组）。半年后，低控制组的老人有30%去世了，而高控制组的老人只有15%去世。他们还做了学生拜访老人的实验，高控制组的老人可以决定学生拜访的时间和会客时间的长短，低控制组则相反。研究人员发现，高控制组的老人比低控制组的老人更快乐、更健康和更有活力。不过，几个月后，悲剧发生了，研究人员懊恼万分地发现，那些曾经拥有控制权但因研究结束而丧失控制权的老人，有相当多的一部分先后去世了。

《哈佛幸福课》的作者丹尼尔·吉尔伯特因此得出这样一个结论："获得控制权对一个人的身心起着积极的作用，但是丧失控制权比从来没有得到控制权更糟糕。"

/ 二、你创造了个人的实相 /

一个人如何抛开自怜?

这一点是对文艺女青年说的，很多女文青会沉溺于自哀自怜中，因为她们觉得那样的自己充满美感。这跟文化、言情小说、电影以及娱乐节目的价值导向有关。中国现在的各种各样的选秀节目基本上都在消费苦难，对痛苦进行病态的审美，每个选手参加节目好像就是在比谁更惨。

很多女文青会认为《红楼梦》中的黛玉哀叹自己寄人篱下的自怜情愫富有诗意和美感，从而认同并沉溺于自怜的情绪中。实际上，自哀自怜并没有多少好处和美感，自怜会影响一个人的工作效率和身心健康，也会抑制他内在潜能的发挥。当一个人不断强调和暗示自己多么可怜、多么悲惨时，他极有可能就会变得很悲惨。这就是心理学所说的"自我实现的预言"，也是身心灵修行中讲的"你创造了个人的实相”。

/ 三、觉察到自身深陷自怜情绪中 /

认识自我比不认识自我更重要，而觉察是认识的注释。假设两个人都自怜，一个人看见自己正在自怜，另一个人没看见自己正在自怜。显然，前者更容易抛开自怜。看见即觉察，就是摆脱了“无明”的状态。觉察是一种进步。觉察往往是改变的开始。有觉察的自哀自怜是一种清醒的痛苦，这种清醒的痛苦非常有价值，它让你看到痛苦是怎么来的，要怎么走，痛苦的深浅、浓度如何。看清这一切后，你的智慧就从这清醒的痛苦中生发。

/ 四、增强自我的掌控感 /

自哀自怜、沮丧等情绪是对自我无力的愤怒，通常是在丧失自我控制感之后产生的情绪，有一种世界很大、我很小很无力的卑微痛苦之感。那么，怎样才能增强自我的掌控感呢?

1. 从小事开始，获得成功的经验。

自卑的人如果去做心理咨询，咨询师往往会建议他从小事做起，不断累积“成功”，体验掌控的感觉。成功经验的累积会提升一个人的自信心，而自信心在本质上是一种掌控感。同样，抛开自怜也可以用此方法。自怜产生时，不要沉溺于自怜的情绪中，给自己制定几个小目标，哪怕很小，比如看十几页书，洗干净水槽中的脏盘子，散步半小时等，然后去做。在完成这些事情的过程中，自怜感就会消失，你就会渐渐生出一种掌控感，感受到内在的愉悦和充实。

2. 参加体育运动，锻炼身体。

运动可以增强一个人的自我控制感，无论是跑步时迈开双腿，还是打球时挥动球拍，你都会感觉到自己在控制自己的身体，感受到自己与身体有联结，这种联结会让你体会到“我存在”的感觉。我有多年的跑步经验，跑步之后，人会生出正面的情绪，会感到更快乐。这也是很多抑郁的人可以通过运动减轻抑郁症状的原因。他们借由身体释放了抑郁的情绪，并且获得了对生活的掌控感。

3. 掌控你的时间，少用手机上网。

你有没有这样的体会：当你专注做一件事或者投入地与人交往时，你并不觉得累，而当你什么事都没做，什么人都没见，只是宅在家里上网或者玩手机的时候，你会发现时间过得特别快，而且感觉很累。这是因为当你这样度日时，你的脑子里充满了纷繁复杂的念头，内心没有一刻安静，情感上也进行着激烈挣扎，还伴着悔恨和自责。你会感觉自己被网络和手机裹挟，时间并不属于自己，你的自我意志基本上处于瘫痪状态，完全没有自我控制感，并且内耗了许多能量。所以，合理分配好自己的时间，减少在电脑和手机上浪费的时间，你会感到自己的控制感在增强。如果你还利用不上网的时间做了自己想做的事情，那你所体会到的掌控感和自信心会更强，这种自我意志的胜利也会令你身心愉悦。

4. 通过静坐、冥想等方式让内心安静下来。

当你烦躁不安时，你的心完全会被外物所左右，比如地铁里别人的一个电话就能让你觉得心里很不爽，其他人的一个动作就能让你无法专心做自己的事情。因为内心不安静，所以你才易受影响。

佛语讲“了了分明，如如不动”，“了了分明”就是对属于世间、出世间一切法的真相一清二楚、了然于心；“如如不动”就是心不会随着这些境遇转动，不受外在的影响，始终有一种平和的心态。静坐、冥想等方式不仅能让你的心安静下来，让你做到“如如不动”，提高你的专注力，还能改善你的身体健康状况。

5. 养成有规律的生活作息习惯。

总喜欢熬夜，想改变却一直无法做到的人，他的控制感在不停地被削弱，那种沮丧和自我谴责感会不断加深。相信之前作息混乱、后来调整为作息规律的人都能体会到，这种规律的作息习惯对一个人自我掌控感的提升有多么重要。都说很多人的梦想和计划受挫，只是由两个小问题导致的：早上起不来床，晚上下不了线。养成规律的作息习惯，不仅能增强你的自我控制感，还能促使你实现自己的梦想。不过，养成规律的作息习惯也需要有强大的自我控制力才能做到，它们似乎是矛盾统一的关系。

/ 五、接纳生命中的失控和失序感 /

尽管控制一件事情的感觉太棒了，但我们必须承认，我们不可能控制一切，掌控一切只是人类天真的幻觉。未来你无法掌控，他人你无法掌控，你连自己都常常无法掌控，人生中常常需要面对失控感。有句祈祷词是这样说的：主啊，请赐予我力量，去改变我所能改变的；赐予我勇气，去接受我不能改变的；赐予我智慧，去分辨这两者！所以，当我们面对自己无法掌控的事情时，不妨尝试接纳。

允许生命中出现失控感，接纳生命中出现的失控与失序，不要求一切尽在掌控，往往说明人生境界达到了一个更高的层次。例如，当父母不去控制孩子，允许孩子不听从自己的意见，接受孩子有自己的想法和意志时，父母和孩子都朝独立与自由迈进了一大步。另外，努力掌控一切会带来焦虑，适度地放松控制有助于身心平衡。

与生命里最深处的欢喜相遇

/ 一、那些叹为观止的事物 /

有一年国庆节，我和家人去西安玩了两天，回来以后，在旅游景点玩乐的情景时不时地萦绕在我心头。跟家人一起旅行是很温馨的，但是，最让我念念不忘的既不是与家人同游的温馨快乐，也不是旅游景点的美景，而是在路上遇见的那些陌生人。

有个旅游景点，门票价格不菲，但里面的文艺表演非常丰富，有鼓乐演奏、踩高跷，还有舞狮。在看表演的过程中，我发现无论是表演者还是欣赏者，大致都可以分为两类：一类是富于激情者，一类是麻木不仁者。鼓乐演奏是在室内进行的，有古典的舞台布景，也有排列整齐的观众席。表演者身穿古代服装，坐在台上击鼓吹笙，给人一种仿佛置身于宫廷的庄重之感。你坐在观众席上，一眼就能看出台上的表演者谁在卖力表演，谁在滥竽充数。台下的观众也是一样的，有的人在认真看表演，甚至陶醉其中，结束时用力鼓掌；有的人一边嗑着瓜子，一边跟身边的人大声聊天，偶尔用眼角的余光瞟一眼舞台上的表演；还有人在表演现场旁若无人地走来走去，或者大声呵斥调皮的孩子。

在广场上，踩高跷的演员穿着色彩鲜艳的衣服，化着代表自己角色的妆容（高跷表演有“文跷”“武跷”之分，文跷重扮相与扭逗，武跷则强调技巧与绝招）。文跷面部表情超级丰富，又萌又坏又风趣，逗得观众哈哈大笑；武跷技艺精湛，连出绝招，令人惊叹不已。有的演员表演时，你可以感受到他在调动自己全身的激情进行表演，无论是倒立、旋转还是翻跟头，都充满活力，面部的神态和表情也配合得很到位。有的演员表演时，你明显感觉到他热情不高，是来打酱油的。游客也是如此。有的游客长久驻足，成为一名认真欣赏表演的观众，大声喝彩叫好，拿着相机咔嚓咔嚓拍照；有的游客只是低头玩着手机，漠然走过。

看完前两场表演，我又去看第三场舞狮表演。这支表演队明显比前两支表演队更有组织管理精神，有乐队、表演者，还有安保人员，分工明确，配合默契。表演较前两场也更精彩，观众的数量和热情就是证明。现场或站或坐或蹲着许多观众，将整个表演场地围起来。“狮子”站在高桩上，精神抖擞，乐队的音乐响起，表演者的动作、节奏与音乐紧密配合。（中国的舞狮主要分为南狮、北狮两种。这支表演队可能是南狮，两个人合舞一头狮。舞南狮时会配以大锣、大鼓、大钹，狮的舞动要配合音乐的节奏。）

“狮子”时而跳跃，时而摇摆，时而倒立，时而腾空跃起，还不时地扑闪眼帘、抖动耳朵、扭扭屁股，演绎喜、怒、哀、乐、动、静、惊、疑等神态，活灵活现，妙趣横生。他们还表演了走钢丝、叠罗汉、“采青”等高难度动作，每一个惊险刺激的动作都使人群发出一阵欢呼。可以说，这场舞狮表演将武术、舞蹈、音乐完美融合在了一起。

舞狮队技艺精湛的表演给游客们带来了惊险、刺激的视觉体验，人群中爆发出热烈的掌声。喜欢《黄飞鸿》系列电影的我站在一旁看得入迷，仿佛置身于《狮王争霸》的现场，感觉非常过瘾，不停地鼓掌。表演结束，舞狮的两个小伙子脱下狮服，满头大汗地向观众鞠躬致谢，大家报以热烈的掌声并欢送整支表演队。人群中有一位中年女性很有意思，她在大家停止鼓掌陆续离开后仍沉浸在看表演的情绪中，坐在台阶上继续拼命鼓掌。就在那一刻，我忽然真正明白了一个成语——“叹为观止”的内涵。

很早以前，我在图书馆翻看到上海古籍出版社出版的《古文观止》，我当时不明白书名的含义，特意去查了字典，才知道“观止”是好到极致的意思。这个词出自著名的历史典籍《左传》。公元前544年，吴公子季札到鲁国访问，表示愿与鲁国结盟，世代友好下去。鲁国用乐舞招待他。季札精通乐舞，一边观赏，一边品评。当演出歌舞《韶箾（箫）》时，他发出由衷的赞叹："德至矣哉，大矣如天之无不帱也，如地之无不载也。虽甚盛德，其蔑以加于此矣，观止矣。若有他乐，吾不敢请已。""叹为观止"是赞美所见到的事物好到了极点。

/ 二、当你全情投入时，神便出现了 /

英语中有个词叫show stopper，它的含义很丰富：（1）一锤定音；（2）项目障碍物；（3）被长时间的掌声所打断的表演；（4）观止。show stopper可以理解为被长时间的掌声所打断的表演，或者特别受欢迎、令人赞叹的事物。它的意思与中文的"叹为观止"是对应的。

我忍不住想，生活本身不就是一场超长的大型show（秀）吗？假如你是这场show的主角，其他人都是你的观众，你要怎样才能让你的观众叹为观止呢？怎样才能成为一个让他人"观止"的人呢？

我想，第一，你得有料，也就是说，你得有点真本领或者有自己的专长。就像舞狮的小伙子，他会武术，有自己的技艺，这是别人没有的，也抢不走的。第二，最好你的这个本领有自己的独特性，或者你的技能比别人更精湛，这样你就有了属于自己的特点和个人风格，这会让你从无数同类竞争者中脱颖而出。第三，对你自己的本领要始终有一颗敬畏、珍惜、热情的心。意思就是说，你要认真对待自己每一次的表演机会，珍惜自己每一次的show time（表演时间），投入这场show中，在展现自己专业技能的时候，保持激情，全情投入。

这三点中，如果非要按照重要程度进行排序，我认为第三点最重要。通过不断地练习，许多人都可以做到第一点和第二点。比如《士兵突击》里的许三多，他不断练习腹部绕杠，熟能生巧，最后做了300多个，远远超越了队友，令所有人叹为观止。

再比如《庄子》里的“庖丁解牛”。这个姓丁的厨师，经过反复练习，宰了几千头牛，掌握了解剖全牛的技巧之后，他宰牛的技术就变得纯熟神妙，宰起牛来得心应手、游刃有余，几分钟内就能将一头牛的骨头和皮肉分离，令梁惠王叹为观止。第三点是最难做到的，甚至会与前两点相悖。随着练习次数的增多,很多人渐渐丧失了热情，或者说随着岁月的流逝，他们对这场show渐渐不再有表演激情了。

有不少工作了很多年的人，因为对自己的工作太熟悉了，所以对工作完全丧失了激情，开始变得麻木。在医院里，我们常常看到这种现象：那些对病人比较热情、温和、富有同情心的医生往往是年轻的实习医生，或者是只有一两年工作经验的医生。年长的医生固然经验丰富，但他们对待病人往往比较冷漠，使得病人的看病体验很糟，这也是医患矛盾产生的原因之一。所以，那些一首歌唱一辈子，每次上台表演都只唱这一首歌，每次唱都像第一次唱一样激动、充满感情的歌手其实非常不容易，他们相当有敬业精神。

我们常常用“入神”一词形容一个人对眼前的事物产生浓厚的兴趣而注意力高度集中的状态，或者形容一件艺术品达到了精妙的境地。有句话说，男人专注做一件事的时候是最有魅力、最能打动女人心的。在我看来，这种魅力就是投入感。我认为投入感是一种最令人叹为观止的东西，它展现的是一个人内在的神性。一个人如果投入地做一件事，哪怕是一件很平常、很普通的小事，也会给人神性的感觉。

我以前看过一部日本的纪录片，讲的是日本人做拉面。我看到他们揉面时，先在面团上铺一层塑料薄膜，然后赤脚在上面一下又一下地用力踩踏，看到他们脸上那种手艺人的专注与忘我、恬淡又热烈的神情时，我忽然被感动了。很多舞蹈演员表演的舞蹈之所以具有震撼人心的力量，是因为他们全然地投入舞蹈中，与自我生命里最大的激情相遇，忘记了舞台和表演，忘记了自己，忘记了时间。当一个舞者从舞蹈中消失，神便出现了。我们在看杨丽萍的舞蹈时，就会有这种感觉。

当一个演员投入角色中，用自己生命的热情去塑造这个角色时，他不是在演某个角色，而是在演他自己，观众就会被这种投入感深深打动。当一个演员从演戏中消失，神便出现了。张国荣演绎的《霸王别姬》，就能给我们一种“观止”的感觉。生活是一场show，那些在自己的生活舞台上投入地演出，展现出自己内在神性的人，往往最能打动观众的心。

/ 三、不是每个人都能体会完全投入的乐趣 /

前面谈的是当你是生活这场show的主角时，你如何让别人对你叹为观止，接下来我想谈谈如果你是生活这场show的观众，你如何去发现让你叹为观止的事物。看同样一场现代舞表演，为什么你身边的人看得津津有味，你却感觉索然无味？美术馆里的同一场画展，为什么有的人看出了美，看出了生命与艺术，有的人却只看到一堆颜料？同样是听一场著名乐团演奏的交响乐，为什么有的人大呼过瘾、激动不已，有的人却听得昏昏欲睡？

有人说，听交响乐的耳朵是需要训练的。我很赞同这一点，欣赏力是一种能力，既然是能力，就能通过后天不断地学习和训练获得。对大多数人来说，只要经常听交响乐，学习一些交响乐的知识，就能比之前更能欣赏它的美。除了缺乏必要的练习，无法让人叹为观止的另一个原因是文化差异，比如中国的京剧，很多外国人就欣赏不了。有些事物的美，是要在了解文化背景之后才能理解和欣赏的。

生活中，并不是只有现代舞、画展、交响乐、京剧等艺术才会让人叹为观止。很多事物的美好，人们不需要经过特别的训练，就能感受到它们的美。为什么有的人会对一场精彩绝伦的演出无动于衷、漠然忽视，而有的人对生活中的很多事物发出惊叹，会对一朵花、一首诗、一个孩童的无邪笑容发出由衷的赞叹？其中的一个原因是观众的脚步太匆忙了，他没有stop to watch a show（停下来观看演出），只有那些驻足欣赏的人才有机会看到一场精彩的show，欣赏到show stopper。除此之外，最根本的原因也许还是投入感不足吧。

让我有此体会的是一件小事。一年前，我跟一个朋友一起听一位心理学老师的课。在课堂上，我听得很专注，跟着老师的思路思考，积极地回答老师的提问，甚至到了忘我的地步，感觉老师是在给我一个人上课。我心里不停地发出惊叹："啊，说得太好了！""啊，精辟啊！"我不停地记着笔记，恨不得记下老师说的每一个字。

下课后，我的朋友居然跟我抱怨，他说："这个老师说的是什么呀，语速这么快，口头禅这么多，字也写得很丑……"我深感诧异，这到底是怎么回事呢？为什么我觉得这位老师的课讲得好极了？上第二堂课时，我特意花了一点时间观察我的朋友，发现他一会儿玩手机游戏，一会儿发短信，一会儿睡觉，一会儿吃零食。他都没有投入听课中，怎能体会到老师讲课的精妙之处？

我有个女友，与她交往的人都会觉得很开心，很喜欢她，原因就在于她身上有一种特质，她总能看到并由衷地欣赏别人的优点。你跟她在一起，她常常会称赞你身上的某种优秀品质或某种才能，这些东西可能是很多人都不会发现也不会注意的。比如，她会称赞你的字写得好看，会夸你懂得搭配衣服，会欣赏你看电影的品位，甚至会赞叹你说的某一句话、表达的某一个观点。你想，要是跟这样的人在一起，你一定会觉得舒服、轻松，而且会有那种被人肯定的自信。所以，她的人际关系非常好。

我很好奇，问她是如何做到这些的。她说，在人际交往中，将注意力真正投入与你交往的对象身上，投入你们两个人的交谈和关系中，你就会发现每一个人都有优点，每个人的内在都是非常美好和可爱的。她又补充说，在跟别人交往时，你不要觉得这是在浪费自己的时间，而要享受两个人共同拥有的一段旅程。

海德格尔曾经谈到过两种存在的模式：日常模式和本体模式。在日常模式中，我们被物质世界所消耗和分心，充满了对世界上的事物如何存在的好奇。在本体模式中，我们集中注意力于存在本身，充满了对世界上的事物存在的赞叹。

当我们以一种投入的姿态生活时，我们就超越了日常模式，以本体模式存在着，能够体验到生命的能量与热情，能够看见世界上那些让我们叹为观止的人、事和物，能够由衷地体会到生活本身蕴含的无限的美与奇妙。当你真正完全投入当下的事情中时，不管这件事情多么简单卑微，你都能感受到无穷的乐趣，你会由衷地发出赞叹。认真地投入你的呼吸、你的行走、你每一天的生活，那种“观止”的感觉就会伴你左右。当你为生活鼓掌时，生活也在为你鼓掌，你正拥抱着生活的快乐与幸福。

在我看来，想成为一个show stopper，不在于能力，而在于态度。周国平曾经说过摆脱时间有三种方式：活在回忆中，把过去永恒化；活在当下的激情中，把现在永恒化；活在期待中，把未来永恒化。当你做到活在当下，投入当下的每一件小事中去时，你就是一个show stopper，活在生活这场让人拍手叫绝的show中！

人的一生走在回家的路上

/ 一、唯有美食与爱不可辜负 /

我租住的房子听说是20世纪70年代建的，不仅外面很旧，里面也很旧，似乎只有每天的饭香味是新的。整栋楼基本上都住着五六十岁退了休的上海阿姨和叔叔，他们几乎每天都做饭，而且还喜欢做饭的时候开着门，当然不是为了炫耀自己的饭菜香，而是为了油烟味能往外走。因此，每到饭点时分，楼道中就飘散着一股菜香味。闻的时间长了，我练就了“闻香识菜”的本领，仅仅通过嗅觉就能分辨出谁家做了什么菜。

“嗯，307的罗阿姨在做腐竹红烧肉。”“嗯，308的张大妈在炸咸带鱼。”“哎呀，今天309重口味啊，在做毛豆烧臭豆腐。”也许正是在这样的饭香味的熏陶下，我这个原本一个月都不在家开火做饭的年轻人居然开始自己做了饭。所以，是不是“欲让其做饭，先使其发馋”？

临近端午节，楼道中飘散着浓郁的煮粽子的香味。出门进门，粽叶的清香味都伴随着水蒸气扑面而来，即便我关起门来写作，也能闻到粽香味，这让原本就写不出东西的我更加坐立不安。挨到傍晚，男朋友下班回来，我忍不住对他说：“我们在家包粽子吧！”他立刻回应：“好啊！”

晚上躺在床上，我回忆起小时候在农村过端午节的时光。小姨家和我家是邻居，两家人多年来一直是一起过端午节。过节前两天要包粽子，粽叶得自己上山采摘，这样的活通常交给女孩们。记忆中，端午节前后常常会下着淅淅沥沥的小雨。我和小我一岁的表妹戴着斗笠，穿着蓑衣，背着竹篓，上山采摘粽叶。太宽的不行，太窄的不行，六厘米宽、六七十厘米长的粽叶是最合适的，再加上表面平整光滑，没有破损，就是好粽叶。有的人家会在屋檐下挂着上一年用剩的粽叶，看起来发黄枯萎。其实，这样的粽叶可是宝贝，它们更结实、更有韧性，而且省去了你重新采摘粽叶的时间。

我和表妹把粽叶清洗干净，母亲将糯米、花生洗干净，泡着备用。小姨在厨房煮着红豆。红豆煮烂后，在制成红豆沙之前，家里所有的小孩都可以喝一碗甜丝丝的红豆汤，又香又糯，喝完还想要。不过，这通常不被允许，因为剩下的红豆要用来包粽子。在将豆沙捏成一个个小小的豆沙团的过程中，孩子们常常趁大人不注意，偷吃豆沙团。煮了两三个钟头的一大锅红豆，半道被盛出了几小碗红豆汤，做好的豆沙又被偷吃了，最后只剩下一小盆豆沙团被用来包粽子。被妈妈唠叨时，孩子们总会争辩道：“不是还有花生、红枣嘛！”我很小的时候就有了这样的认知：红豆真是好东西，没煮之前“此物最相思”，煮了之后是红豆汤，汤熬干了可以制成红豆沙，做各种点心的馅料。做人就要像红豆一样多功能嘛！

糯米、花生泡好，红枣洗净，红豆沙也准备好了，接下来就要包粽子了。这是一项浩大的工程。小孩们主动跑来干活，家里的男人们——之前都没他们什么事的——也参与进来了，隔壁很会包粽子的大婶赶过来帮忙，还有一头银发却腿脚利索、包粽子又快又好的奶奶也被请来帮忙。她就像《杨家将》里的佘太君，挂帅出征，领着儿子、媳妇、孙子、孙女，与眼前的一大盆食材作战。

女人们包粽子时手法娴熟，她们将两片粽叶卷成漏斗状，用手抓一把米放进去，抖一抖，然后放进一团红豆沙，再抓一把米，把漏斗填满。她们用手指把米压实，然后把粽叶长出来的一截折过来，盖住漏斗口，一只手捏着漏斗的中间，另一只手顺着粽子的棱角将多余的粽叶包裹在粽子上，粽叶服服帖帖地折出四个尖尖的角。接着，她们拿粗棉线用力缠啊缠，缠上几圈，最后打个结，四角尖尖、表面干净清爽、色泽青翠的粽子就包好了。有花生粽、豆沙粽、红枣粽，还有什么都不包的白粽。每一种粽子会打不一样的结，或者用不同颜色的线扎得结结实实的。

包粽子对小孩们来说就是玩游戏，粽叶散发出清香的味道，到处水淋淋的，可以将糯米和花生扔来扔去地玩，还可以包属于自己的小粽子。男人们的主要作用就是帮女人们抓点糯米、烧火和陪聊。

当时，我们家用的是土灶，锅也大，粽子就是要在这样的土灶大锅里煮出来才最好吃。先在灶膛里塞进大块的木柴，用大火煮，然后控制在中火，一直煮上三个小时。火光照亮生火人的脸，白色的水汽和粽香味弥漫在整间屋子里，大人们谈天说地，小孩们嬉闹欢笑。我想，这就是“人间烟火”这个词所表达的含义吧。

/ 二、人的一生走在回家的路上 /

粽子刚煮好，每个人都捞一个放在盘子里，也不管正冒着热气，很烫手，赶忙拆开线，咬一口，热乎乎，软软糯糯，香香甜甜，还可以蘸着白糖吃，真是美味的享受。

过端午除了包粽子，还要去地里采摘艾叶和菖蒲，这两种植物都有一种特殊的香气。我和妈妈会将采来的艾叶和菖蒲挂在门上。我觉得菖蒲长得很好看，剑叶盈绿，端庄秀丽，挂在门上除了可以祛避邪疫，还富有诗意。有的人家里的艾叶和菖蒲会挂一整年，从青绿一直挂到枯黄，等第二年端午才会换上新的，给人一种一岁一枯荣的岁月感。

包粽子、挂艾叶和菖蒲都是端午节之前就可以做的事，而划龙舟比赛则一定要到端午节当天才能看到。端午节的早上，大人们带着小孩去县城赶集，划龙舟比赛会在县城那条又宽又大的河上举行。大家站在大桥上，为船上奋力划桨的人大声欢呼、摇旗呐喊。看完比赛，大家就开开心心去菜市场买菜，为即将到来的晚饭做准备。

端午节的晚饭非常丰盛，鸡鸭鱼肉全都摆上了桌，还有来自大山里的馈赠——野蘑菇、炖山鸡等山珍野味，还有包好的粽子和饺子，满满一桌美食，都是全家人一起动手做的。大家坐在一起，品尝着美食，彼此说着“真好吃”“明年还要包粽子”之类的话。这让我想起新井一二三对幸福的定义：“幸福就是跟心爱的人在一起慢慢品尝美味而彼此说多么好吃。”

写到这里，我忽然明白，我想自己在家包粽子的心愿其实是一种对家人团圆的渴望。那熟悉的粽子清香在提醒我自己离家千里，提醒我家的方向。我渴望和家人一起生火、做饭，在锅碗瓢盆碰撞出的叮叮当当声中，用平淡无奇又家常美味的食物凝聚起家庭，让家人彼此陪伴、成长、分享、相爱和团聚。

家，生命开始的地方。有人说，人的一生都走在回家的路上。回家是为了团圆，团圆是中国的春节或其他传统节日绕不开的主题。我相信很多在外的游子都会被家人或身边的朋友问到这样一个问题：回家过节吗？“每逢佳节倍思亲”，中国人似乎对家有着难以割舍的眷恋，对团圆有着深切的期盼。团圆是中国人的传统。团圆意味着生命中美好事物的集合：父母安康，手足情深，爱人厮守，子孙绕膝，合家欢乐，衣食无忧，安居乐业……这也许是每个人一生的追求。

但愿人长久，月常圆。

你 值 得 拥 有 最 好 的 一 切

[You deserve to have the best of everything]

50岁唱摇滚，80岁骑着摩托周游世界

/ 一、给我20个机会吧，我应该可以的 /

草莓音乐节刚结束时，豆瓣广播、微博、微信朋友圈、QQ群里都在讲张曼玉以歌手身份参加音乐节的事情。有个朋友在群里吐槽，她坐电梯的时候听到有人在讨论张曼玉唱歌，有个人听了“魔都”的现场，说太难听了，躲都没处躲。还有人吐槽，说因为女神唱得太难听，大家听完都跑了，她硬被工作人员拉下去，然后还一直喊“还要唱”。那几天，我看到不少网友吐槽女神的内容，什么“没有一句在调上”“这是被上帝放弃的声音”“一代‘女神’终于把自己毁了”之类的。

我一直很喜欢张曼玉，就在网上找了一段视频来看，这段视频是她在北京草莓音乐节上的演出。一开始她就来了一段自嘲：“前天在

上海的演出不是那么理想，走音走得蛮多的。昨天我也百度了一下，我用拼音，因为我的电脑打不到中文，可能拼得不好，还是什么的，我就打了进去，‘怎么在草莓演唱会不走音’，但是没搜到……所以今天还是会和前天一样，还是会走音的。可是，我会努力。我演了20多部戏也给人说花瓶，所以，给我20个机会吧，我应该可以的！”

兴许是我泪点低，说实话，瞬间我就被她感动了，因为她的坦诚和勇气。有趣的是，我因此想起了村上春树的一部短篇小说集——《再袭面包店》。

一天深夜，刚结婚半个月的小两口突然醒来，饥饿的感觉像子弹一样将他们击倒。两个人难以入睡，把冰箱里残存不多的食物扫荡一空后，喝了好几罐啤酒，饥饿感还是“凶猛得那般异乎寻常”。“我”这样形容这种饥饿感：“乘一叶小艇漂浮在静静的海面上，朝下一看，可以窥见水中海底火山的顶。”两个人都饥不可耐之际，“我”脱口说出了“抢面包店的时候”，于是，妻子揪住这话问起“我”来。原来，十年前，“我”和一个搭档抢劫了一家面包店。那时候，他们很穷，但又不想做工，以满足自己的生活所需，于是做了许多愚蠢的事情，其中就包括抢劫面包店一事。

他们抢劫不是为了钱，而是为了果腹的面包。其实，他们那一次的行动根本谈不上是抢劫。因为面包店的老板是个古典音乐爱好者，他提出一个交换条件：只要他们陪他听完瓦格纳的序曲集，想要多少面包就拿多少。于是，他们收起了刀，老老实实地听了音乐，也成功得到了面包。

此后，生活发生了变化，“我”重回大学读书，顺利毕业，和搭档不再交往。“我”说：“不过也不是看上去有形有影的具体问题，只是说很多事情都以那次事件为分水岭而发生了缓慢的变化。并且一旦变化，便再也无可挽回。”

“我”觉得听瓦格纳的序曲集这件事是套在头上的金箍，“我们还是觉得里边存在着某种严重的错误。这种谬误给我们的生活投下了阴影……那是不容有任何怀疑余地的金箍。”

对于这件事，妻子说：“只要你不自己动手来解除那个金箍，它就会像虫牙一样一直把你折磨到死。不光你，还包括我。”她认为自己找到了饥饿感的来源，要化解这种饥饿感，要解除金箍，就要“再抢一次面包店，而且立即行动”。于是，两个人准备好工具，开着车去抢劫面包店。因为半夜三更，找不到营业的面包店，所以他们抢劫了一家麦当劳——他们拿着火药枪，逼着三个店员做了30个汉堡，然后他们用绳子将店员绑在了柱子上，带着汉堡离开。

看到这里，很多人会问：张曼玉唱歌和《再袭面包店》这个故事有啥关系呢？故事里的那个“我”再袭面包店，并饱餐一顿之后，

“从小艇上探起身，往海底使劲张望，海底火山的姿影已不复见”。我们每个人的内心都有一家曾经想打劫的面包店，都有一座坐落在深深大海中的火山。张曼玉也不例外，唱歌就是她的海底火山。

张曼玉这种女神级的人物，什么都不做，一年参加一两次活动、拍一两个广告，就可以一直当女神，何苦要去唱歌，破坏自身形象，被大家狂吐槽呢？对张曼玉有点了解的人可能都清楚，她一直很喜欢音乐，从小的梦想之一便是唱歌。她在刚出道参加香港小姐选美的时候就说过，比起当演员，她更喜欢当歌手。2001年，她和梁朝伟合唱过电影《花样年华》中的歌曲《花样年华》。2004年的电影《清洁》使张曼玉获得了影后的桂冠，更重要的是，使她实现了唱歌的梦想。音乐曾是她渴望触碰而又不敢触碰的禁区。

影片中，张曼玉演唱了四首歌曲：Strawberry Stain、Down in the Light、Wait for Me、She Can't Tell You。这重新点燃了她的音乐梦想，开启了她的音乐之路。据说她花了两年时间努力学习如何在电脑上做音乐——怎么剪辑，怎么录音。在家里到处放一些小本子，随时把脑子里蹦出来的歌词记下来。不过，她很早之前就向记者坦露过自己的缺点，在KTV唱歌的时候，朋友们会打趣她，她曾说：“我唱歌老会走音啊！不过，现在好了一点点。”

2012年，她在北京献唱个人原创歌曲Visionary Heart，并收获了众多掌声。之后，张曼玉低调签约摩登天空，成为其旗下的一名歌手，她似乎真正实现了自己唱歌的梦想。张曼玉坦言自己对音乐的热爱："从小在英国开始，直到拍戏的那么多年，我都没有停过听音乐，所以音乐在生命里就变成了一个习惯。这些年来也特别喜欢寻找新的音乐来听。音乐带给我很多不一样的感觉、乐趣和回忆。很感谢从一份那么简单的东西能享受到那么大的快乐。很希望我的音乐也能和大家分享一些感触。"

除了看草莓音乐节的视频，我之前也听过张曼玉的歌，她嗓音低沉沙哑，独具特色。她的歌曲虽谈不上悦耳，但具有强烈的感染力，比如《清洁》中的那首Strawberry Stain，还有她的原创歌曲Visionary Heart。与其说我喜欢张曼玉唱的歌，不如说我喜欢唱着歌的张曼玉。正如她自己所言，"那么简单的东西能享受到那么大的快乐"，我看到这样一位年近半百的女性，在舞台上唱着摇滚乐，摇摆着婀娜的身姿，举手投足间尽显风情，享受着自己的梦想，享受着自己喜欢的音乐，怎能不被打动？摇滚精神不就是打破常规、永远年轻、永远有激情和梦想吗？而且人家会继续努力，说不定五十几岁的哪一天，她真的还能成为大歌星呢！

整个五一假期我都在迷一部韩剧——《密会》，这是一部让人特别费脑子的韩剧（我这样讲不知道会笑死多少人，但我是认真的）。女主角是个事业成功的中年职场女性，她效忠于某个艺术财团，在权力的游戏中受尽欺辱，却一直隐忍不发，镇定、虚伪地出卖自己的灵魂。被闺密戏称为“爱无能”的她爱上了一个小自己22岁的钢琴天才。因为对古典音乐的共同热爱，他们彼此相爱和救赎。女主角拯救男主角的才华，男主角拯救女主角衰老与麻木的灵魂。记得有一集，女主角和闺密们聚会，聊起她们的青春。在别人忙着享受单纯快乐的少女时代，当别人享受浪漫甜蜜的爱情时，她只想着如何攀附权贵，如何出人头地。她一脸泪痕地说着这些，令观者无限唏嘘。

在我看来，她在42岁的年纪开始一段灵肉契合的恋爱，是对自己人生最后的拯救，尽管这一拯救的举动打破了道德禁忌，也充满了难以预料的危险。

其实，无论是张曼玉唱歌，还是《再袭面包店》的故事，或者是《密会》中女主角危险的恋爱，都让我看到了那未被满足与未被实现的愿望具有多么强大的能量。

写这篇文章的我今年已经29岁了，这个月我要做一件自己一直想做但没有做的事情——戴牙套。我从小牙齿就不整齐，一直渴望父母能让我整牙，但是，因为家里条件不好，我一直没有整牙的机会。半年前，我准备好钱，开始看牙医。前两个月拔掉了三颗牙，这个月要开始戴牙套了。医生说，因为我年纪太大了，牙套要戴两年。记得上个月在医院做牙模的时候，我的内心感动又悲伤——我终于实现了自己的一个心愿。

/ 二、不应将自己的梦想强加给他人 /

如果那些梦想、愿望无法被满足与实现，你心里的海底火山就一直存在，它提醒着你，成了你生活中的紧箍咒。也许它会一直在那里存在着、沉睡着，更有可能的是，也许有一天它将喷发，带来毁灭性的后果。歌星布兰妮就是一个很好的例子。

布兰妮的昵称叫作“小甜甜”，但这位红透半边天的女歌星曾被一系列负面新闻缠身：多次被曝吸毒；上演持续55个小时的婚姻闹剧；离婚两次；滥交；性爱录像被上传至网络；与帕丽斯·希尔顿去夜总会，被狗仔队拍到没穿底裤；在某夜总会当众换上比基尼和渔网袜，与两个舞女大玩性游戏，并被录像；自己动手，将一头秀发全部剃光；发疯般地求街上的普通人与她合影……她从女神堕落为问题女歌手。

女神为什么会这样呢？其中不得不提的是她与母亲的关系。从两岁开始，布兰妮的童年就被母亲夺去了。当别的孩子享受着无忧无虑的时光时，布兰妮被母亲安排上唱歌课、舞蹈课，进行无数试镜、舞台演出和广告拍摄。母亲常常带着小布兰妮，穿越数千英里，从路易斯安那州的老家去纽约、佛罗里达州和加利福尼亚州，寻找一切在演艺界出名的机会。

2005年，刚生下第一个儿子的布兰妮曾接受了杂志的专访。她对记者发誓说，要给儿子一样她从不曾拥有的东西：一个正常的童年。

她说："一个艺人，尤其是很小就开始从艺，你渴望取悦大家，成为大家希望看到的那种样子。"

布兰妮在25岁的时候才开始自己的叛逆期，为她那没有被满足的童年刻意反叛。有很长一段时间，她觉得自己是个骗子和冒牌货，因为她认为当歌星的自己不是真实的自己。她一直渴望过普通人的生活，为自己而活，但她没有找到恰当的方式，而是走向了极端，为了反叛而反叛。为此，她付出了惨重的代价。她花了好几年才振作起来，重回歌坛，但她现在依然绯闻不断。

布兰妮在25岁时开始叛逆，这已经算晚了。我观察到，在中国，有些人的叛逆期来得更晚。有一群四五十岁的中年男性，他们从小到大都是父母的好孩子、老师的好学生、老板的好员工、妻子的好伴侣、孩子的好父亲。有一天，他们忽然抛妻弃子，丢掉一切责任，离家出走，换了一个城市重新开始生活，或者疯狂地迷恋上某个女人，不惜为其放弃所有财产和自己的家庭，甚至完全不在乎自己经营得很不错的事业和名誉。这也许可以解释为他们内心的任性、叛逆在青春期没有得到释放，内心的那份叛逆的愿望没有得到满足与实现。儿童和青春期的叛逆是自主意识的觉醒，是我要"做自己"的内心表达。这些中年大叔从未叛逆过，他们觉得自己从来没有真正为自己活过，所以在中年期来了一次火山大爆发。

说回布兰妮，她与母亲的关系经常很紧张，两个人甚至一度决裂。

她母亲甚至出书曝女儿的各种丑闻。我猜测，布兰妮的母亲之所以希望女儿成为明星，从小就对女儿进行严厉的控制，是因为她自己有个未实现的明星梦。一次，她母亲在网上自吹自擂，说她尽管40多岁了，但和22岁的女儿一样前卫。她写道："真是太有趣了，我和她（布兰妮）一个星期没见面，见面后竟然发现我们的着装十分相似，连颜色都一样，都是巧克力色。看来虽然我们不在一起，但我们的眼光还是一致的。"她的这段话引起了许多歌迷的嘲讽，一个歌迷回帖写道："很多明星的母亲总是想着如何管教好她们的孩子，可这位母亲看上去像是渴望替代她的孩子。"

布兰妮的母亲应该反思一下自己：是否将自己的意志强加在女儿身上？是否将自己未实现的巨星梦强加在女儿身上？女儿这一切行为是为了表达什么？自己的控制是否对女儿造成了伤害？如果她能自省并反思这些问题，也许她们母女的关系就能得到改善。

其实，像布兰妮这样的例子在中国也许更多一些。那些一定要考上某某名校的执着异常的高考考生中，有多少人背负着父母未实现的心愿与梦想？父母那代人，因为环境和时代的局限，很多人想读大学，却未能如愿。于是，当了父母之后，他们就将自己未实现的愿望和失落的梦想强加在子女身上，给孩子带来生命中难以承受之重。

我看到一则新闻报道：一个孩子为圆父亲的北大梦，复读了好几年，最后这个孩子差点自杀。生活中这样的例子并不新鲜，更别提那些逼着孩子选某个专业、从事某一行业的工作，甚至逼着孩子与某人结婚的父母了。他们将自我的意志和未实现的个人梦想强加在别人身上，如同实施酷刑一样鞭打着他人自由的灵魂。

我有个亲戚的小孩，他在做作业的时候被父亲严厉批评，就抗议道："这个世界上有三种笨鸟，第一种先飞，第二种不飞。"我问他："还有第三种呢？"他看了父亲一眼说："第三种就下个蛋，把希望寄托在下一代身上。"我当时惊得说不出话来，现实中有多少"笨鸟"只下蛋，然后将自己展翅飞翔的梦想寄托在下一代身上啊！

/ 三、81岁梦骑士的环岛梦 /

台湾曾有一部大众银行的广告片爆红海内外，叫作《梦骑士》，这部广告片是根据真实故事改编而成的。一群老人年轻的时候曾集体骑摩托车出游，他们一直有一个梦想：再一起骑一次摩托车。但是，这个梦想一直未能实现。某一天，他们中的一位去世了。于是，这群平均年龄81岁的老人，在罹患癌症、心脏病等疾病的情况下，开始为梦想努力。他们进行艰苦的体能训练，然后骑着摩托车，载着爱妻和好友的遗照，环岛走了1139公里，用了13天时间。这则广告非常激励人心，让人看了忍不住热泪盈眶、激情澎湃、备受鼓舞。

我记得这则广告的文案这样写道：

人为什么活着?
为了思念?
为了活下去?
为了活更长?
还是为了离开?
五个台湾人
平均年龄81岁
一个重听
一个得了癌症
三个有心脏病
每一个都有退化性关节炎
六个月的准备
环岛13天
1139公里
从北到南
从黑夜到白天
只为了一个简单的理由
人，为什么要活着?

有网友这样评论这部广告片：只要还能为自己的梦想努力，就算是81岁，也永远不老，永远年轻！我深表赞同。当年参与活动、现已94岁的老人朱妙贵说：“能在老年实现梦想，又有这么多人被这个故事感动，很开心。”你看，这就是为了自己的梦想扎扎实实付出之后的收获，除了能享受梦想成真的开心，还能感动许多人，影响许多人。比如，张曼玉玩摇滚的这份勇气就感动了我。

我们从童年开始一直到现在，拥有很多心愿和梦想，有的实现了，但更多的无法实现，甚至永远都无法实现。我有个当花样滑冰运动员的梦想，这辈子都无法实现。但是，这又有什么要紧呢？我还有其他的梦想，这不妨碍我将欣赏冰舞作为自己的兴趣爱好。每次看花样滑冰时，我都在享受自己那份美好的快乐。我想，张曼玉享受音乐的时候也是同样快乐的吧。

也许你也有未被满足的心愿、未完成的梦想，这是一股潜藏在你内心的巨大能量，像一座活火山，如何让这股能量发挥积极正向的作用？如果可以，请为自己努力吧，像张曼玉那样喊出来：我会努力的。每个人都应该为自己的梦想埋单，既不要把梦想强加在孩子或伴侣身上，也不要强加在其他人身上。更重要的是，你不要被他人的梦想所绑架，要勇敢面对真实的自己，描绘属于自己的梦想。如果无法为梦想努力，那就为失落的梦想哀伤，真正地为逝去的、无法重新来过的生命悲痛，然后放下这份苦执，就像布兰妮为失去的快乐童年哀伤，然后做更真实的自己，继续前行。要么为梦努力，去争取去实现；要么为梦哀伤，去悲痛去放下。千万不要有梦却压抑着，什么都不做。

希望我们50岁的时候，还能有梦骑士的精神，去唱摇滚乐，去谈一场轰轰烈烈的恋爱，去骑摩托车周游世界。

控制不了体重，何以控制人生

/ 一、富人继续富下去，穷人继续穷下去 /

我的一位女性朋友自从开始健身，就常常跟我分享她在健身方面的事情，比如私人教练的费用昂贵。她一周要去三次健身房，每次都累得跟狗一样。教练让她做到了以前她觉得根本做不到的很多事情，比如扛着30公斤的杠铃做深蹲。让我印象深刻的是，她说起另一位与她一起健身的小伙伴。那位小伙伴比她胖，去健身房的次数却比她少，因为太累，去一次休息一整周，健身完就跑去大吃一顿，明明可以走路回去，非要打车。而我这位朋友不仅按时去健身房，还控制饮食，坚持运动。结果大家都猜得到：朋友瘦身成功，身材越来越赞，而和她一起健身的那位小伙伴则改变不大。

听完她的分享，我首先想到的是“坚持”“毅力”等，然后想到“真是有钱又有闲的人哪”。我跑步多年，今年开始练习瑜伽。无论是跑步还是练习瑜伽，想长期坚持都不是一件容易的事情，因为你常常要和身体的不舒适甚至痛苦做斗争。我的瑜伽老师每次上课都会说这样一句话：“做这个体式时，如果你感觉身体某个部位疼痛，请带着呼吸跟这种疼痛待在一起。”除此之外，买锻炼的装备也需要花不少钱，比如跑鞋、GPS跑表、运动服装、瑜伽垫等。

我不是一个“装备控”，但我花在运动装备上的钱也已经有几千块了。我在“爱燃烧”网站上看到不少“装备控”和“比赛控”，他们除了花大量的银子买装备，还花了很多精力学习与运动有关的知识，比如“耐力运动员的饮食”“新手如何制订马拉松备战计划”等。近年来，请专业私人教练的费用也在不断上涨。一位跑马拉松的朋友告诉我，他陪人进行跑步练习，一节课的费用是500元左右。所以，无论是运动本身还是买装备、学习运动知识，都需要金钱和时间的支撑。

一位做健身教练的朋友曾和我说过这样一段话：“肌肉这东西可不是乳沟，你随便挤挤就有的，你得在运动上花大把的时间。你要坚持不懈地运动，要注重饮食，配合着吃800块钱一桶的蛋白粉。也许你还需要花大把银子请私人教练，才能拥有那么几块漂亮的肌肉。”

听起来，运动这件事似乎总跟时间和金钱脱不了干系，还跟强大的自律和意志力密切相关。由此，我得出一个推论：好身材也许就像奢侈品，并非大多数人都能拥有。或者说得更直接一点，好身材是属于富人阶层的。这里的富人阶层不仅仅是有钱人，还有时间和精力上的富人。我称他们为真正的富人。

为了证明我的推论，我以英国纪录片《人生七年》为例。导演选择了14个不同阶层的孩子进行跟踪拍摄，一些来自保育院，一些是工薪阶层的孩子，一些则是上流社会的后代。每隔七年，他们的生活都会被追踪记录一次，从7岁开始，一直到56岁。导演拍此片的最初目的也许是想反映英国社会阶级难以逾越、贫富分化明显这一社会现实——穷人的孩子会继续穷下去，富人的孩子依然是富人。现在，这部片子已经拍到了这些孩子知天命的年纪，确实印证了导演的看法：大多数人的人生是一张测绘好的地图。只有一两个孩子改变了自己的命运，其中一个是名叫尼克的农家子弟，他考取了牛津大学，后来移民到美国，成为著名大学的教授，顺利成为精英阶层的一员。

这部纪录片让我感觉很震撼，更重要的是，我发现了一件很有趣的事情。我发现这些人在30岁之前差距并不大。7岁的孩子大多是天真可爱的，20多岁时，女孩都年轻漂亮，男孩都英俊帅气。但是，在30岁之后，他们发生了很大的变化，其中之一就是外表。穷人开始发胖变秃，面容变得憔悴，20多岁的俊俏模样一去不复返，生活也越来越糟糕，他们生下的孩子也是年纪轻轻就很肥胖。而富人们依然保持着良好的身材，体形修长挺拔，甚至比年轻的时候更有风度、更优雅、更成熟、更有魅力。尤其是女性，她们不仅身材好，气质也高贵优雅。而富人养育的孩子中，肥胖者也比较少。这是否符合我之前的推论：好身材是属于真正的富人阶层的?

/ 二、物质和时间上的富人 /

关于这一观点，有很多理论可以解释。解释一是哈佛大学教授穆来纳森的研究结果："穷人和过于忙碌的人有一个共同的思维特质，即注意力被稀缺资源过分占据，引起认知和判断力的全面下降。"一个穷人或者一个过于忙碌的人，只顾解决眼前的问题、满足当下的需求，比如穷人要想着下一顿饭在哪里，忙碌的人要赶紧完成最紧急的任务。所以，他们没有"带宽"去为将来打算，去替自己安排更长远的发展，比如花时间、花精力去运动，为了拥有并保持一副好身材。

解释二是意志力的有限性。每个人的意志力都是有限的，你是从同一个账户提取意志力用于不同任务的。一旦你在A事情上消耗了太多意志力，你在B事情上就会力不从心，难以自控。比如，穷人花了太多的意志力在获得下一顿饭上，他就没有意志力用在身形锻炼和饮食控制上了。如果我写了一整天的书稿，还做一顿晚饭，你让我晚上再去跑步，我想我是无法做到的，因为意志力被消耗光了。不过，心理学家提出了解决办法：降低意志力消耗、提高效率最重要的方法是形成习惯。做一件事一旦成为习惯，对意志力的消耗就会比较少。如果我养成跑步的习惯，那么，当我跑步时，意志力的消耗就会少很多。

也许我还可以用以上的两个解释反过来说明为什么有的人原来跟你差不多，也是屌丝，后来却变得有钱、有闲，还有好身材。因为他不断努力培养良好的习惯和自律自强的精神，让自己拥有更多的“带宽”来面对未来。比如，在你刷豆瓣、微博、微信的时候，他能去学习英语，去看书，去理财；在你冬天睡懒觉的时候，他能早起跑步健身；在你大吃大喝、熬夜上网的时候，他能控制饮食，按时睡觉，养成良好的作息习惯……时间一久，他就与你拉开了距离，成了物质和时间上的富人。

不是有句话说，你连自己的体重都控制不了，如何有毅力去控制人生呢？那些在体重控制方面获得成功的人，在生活的其他方面是不是也容易获得成功？

我相信那些能控制自己体重的人，家庭条件可能比较好，更重要的是，他们有优秀的习惯、良好的自律精神与强大的毅力，能坚持不懈地朝某一个目标迈进。好身材的背后极可能是他（她）十几年如一日地控制饮食，按时运动，遵守作息规律。这反映了一个人的自我约束能力。

所以，也有人说，好身材是自我修养的外在体现。年纪越大，维持好身材越需要有自律精神。这样的自律是一种上升力，需要强大的心志力量来支持，而培养出这样的心志力量又需要许多令人难以想象的付出。所以，那些能保持好身材的人值得大家钦佩和学习。也许当你拥有好身材的时候，你也变得有钱和有闲了。

大多数人努力程度之低，根本轮不到拼天赋

在过去的三个多月里，每周六的心理咨询师培训课成了我一周中最重要、最开心的事情之一。因为国庆节的缘故，从9月中旬到10月中旬，培训中心都没有安排课程，因此，习惯每周六去上课的我感到颇为不习惯。

放假前，我去另一个校区听了一次课，那个班的课程进度比我所在的班级快一些。课间，听到那位头发半白的班主任讲话，看到班上的学生争相传阅一份成绩单，我才知道他们已经考过入门考了。班主任对学生说："考试前我就有预测，那些每次上课都来的学生一定会考过，那些每次都坐在前排的学生，会有很多人考优秀，而那些经常不来上课、早退、迟到的学生，肯定有许多人没考过。考完后，成绩出来，果然跟我预测的一样。"

我坐在底下听着，心想："老师，你这不是废话吗？这不叫预测，这叫普遍规律。你经常不来上课，考试还能拿优秀，除非你是个天才，课堂上的知识你早就学会了。通常的情况是要考试了，经常不来上课的你临时抱佛脚，死记硬背，考了个及格。如果你真拿了优秀，要么是你偷偷在课堂外用功，要么是试题实在太简单了。"

最近我在思考这个问题：是什么造成了人与人的差异？我所在的班级每周六早上8点半开始上课。最初的一个月，我每次都匆匆忙忙踩着点进教室，心中带着焦急和不安。进了教室，我却很得意，因为准时的学生不超过20个，我总是属于少数准时者。后来，我渐渐适应了，能提前六七分钟到课堂。可是我发现，全班50多个学生，能按时上课的学生更少了，只有10个人左右。

有个男同学让我印象深刻，因为他是班上最早到的学生，可他说他只是提前15分钟到而已。上了三个月课后，我更得意了，因为我发现不迟到、不早退、每周都来上课的学生不足10人，而我是其中之一。换句话说，三个月来，全班50多个人，有近40个人做不到每周按时上课、按时下课。这个发现令我大吃一惊。这就好像一场遵守课堂纪律的比赛，你只要做到每周按时上课、按时下课，就能打败其他近40位竞争者。

我认识一个1992年出生的小同学。他毕业于普通的二本院校，毕业之际，他和另外六个人一起在某单位实习，两个月后，只有他被留了下来。我问他原因："你有什么比别人强的地方？"他说："我也不清楚。"我继续追问："你再想想。"他说："因为我准时上班。"我不信。他又说："那就是我的邮件格式写得更对，错别字更少，更容易让人看明白。"这回我信了，因为我对此深有体会。

自从上豆瓣以来，我至少阅读了上千封向我咨询的邮件。然而，书写格式正确、分段清楚、没有错别字、叙事有条理的邮件只有寥寥几封，大多数邮件都是一段到底，标点混乱，表达不清，主题不明，短短三行就有两个错别字……我常常看得头昏脑涨。混乱的邮件看多了，偶尔看到一封格式正确、表达清楚的邮件，我就会激动得想流泪，迫不及待地想回复对方。如果你是我，你会更愿意回复什么样的邮件呢？肯定是那些看起来更舒服的吧。

我相信，很多人的高中语文老师都教过他们怎样在高考中多拿五分。我的老师是这样说的："保持卷面整洁，不要过多地涂涂改改，错了画两条线就行。写作文的时候，字迹工整、分段清楚，整张考卷看起来清清爽爽，就可以多拿五分印象分。"他还补充道，"想象一下，如果你们是阅卷老师，在六七月的酷热天气里，看到脏兮兮的卷面、潦草的字迹，心情会怎样？"

我自己组织过几次活动，在给活动成员发短信时，一下子就能让我记住的人都是短信品格好的人。什么叫短信品格好？就是收到短信后能及时回复对方“收到”“好的，谢谢”。相比于那些收到短信后半天不吭声，也不知道他看没看到的人，我更喜欢这些短信品格好的人。与他们接触，我也会注意自己的短信品格，从他们身上学到一些我不懂的东西。

出了两本书后，尤其是《慢慢来，一切都来得及》出版后，我经常被问到一个问题。很多人看到我，就像看到奥特曼一样，觉得我很神奇，他们问我：“你是怎么做到一边上班一边写书的？”一开始我总是老老实实地回答：“这没什么啊，就是有时候下班没什么事情，坐着写一两个小时文章，慢慢写就写成了。”很多人还不信，觉得我一定是头悬梁、锥刺股，苦苦写了九九八十一个月才写成了一本书。后来，再有人问我，我只好说：“我写书的时候非常非常非常辛苦！”

讲了这么多，用一句话总结：以大多数人努力程度之低，根本轮不到去拼天赋。很多人一直以为自己与他人拼的是吃苦、是天赋，什么刻苦奋斗，什么拼命学霸，其实，拼的只是一点点认真、一点点细节，连勤奋都谈不上。在你的周围，懒汉实在太多，你只要做到基本的勤劳，就可以致富；在你的世界里，大多数人都是盲人，你只要有一只眼睛，就有资格称王。

我收到过非常多的抱怨邮件，有的抱怨工作待遇太低，有的抱怨工作内容琐碎，有的抱怨社会不公，有的抱怨家庭环境不好，有的抱怨自己学历不够高，有的抱怨自己干的不是自己喜欢的事情。还有的人写抱怨邮件来时，三行两个错别字，一段话2000字，还会注上“特急”两字。在这些人中，有多少人做了自己应该做的事情，并把它们做好了呢？我想没多少吧。一个人可以永远不满足于现状，但要安于现状。

简单来说，不管做什么事情，都要敬业一点，守好自己的本分，把该做的事情做好，而不是连最基本的努力都没有做到，就用那些虚化的平等、华丽的梦想、社会不公、自己没有天赋等理由为自己不能成功找借口。

一个人如何从竞争中脱颖而出？其实非常简单，他要做的事情大多是一些小事情，甚至是一些非常本分的事情。人是通过细节和小事展现自己的。人与人之间的差异大多体现在一些细节和简单的小事情上。所有干大事的能力都是从做小事中生发而来的。有时成功并没有那么难，做好别人没做到或忽视的小事，你就赢了。

所谓细节决定成败，这是不变的真理。做学生时，做到准时上下课，按时完成作业。毕业面试时，穿不起名牌衣服，就把自己打扮得干净清爽，做到准时赴会。参加工作后写邮件时，注意书写格式，做到层次清晰、意思表达明了。老板安排你做事情时，多问几句，问清楚再行动；老板要求你汇报工作时，及时给予回应。上班的时候，少打游戏，少逛淘宝，多琢磨琢磨怎么把事情做好。下班的时候，少看几集连续剧，少睡点觉，多看几本书。周末，当大家都在吃吃喝喝或睡懒觉时，你到公园里跑跑步，锻炼锻炼身体。做到这些，你的机会自然会多起来，命运也会慢慢改变。

不要看不起小事情，生活本就是一件件小事的集合，坚持做好每件小事，你就能过好自己的生活，改变自己的人生。如果更进一步，除了做好自己的本分，你还能将每件小事做到极致，那会怎样呢？《士兵突击》中有句台词：他每做一件小事的时候，都好像抓住一根救命稻草，到最后你才发现，他抱住的已经是一棵参天大树了。

你不需要完美，你需要的是行动与完成

/ 一、完美主义者们的拖延哀歌 /

我有个女友，去年刚入夏时，她想学游泳。她先在网上搜索和浏览“如何挑选合适的游泳装备”这样的帖子，看了很多帖子后，她觉得自己掌握了挑选技能，便开始上淘宝购物。下班回家，她就在网上浏览游泳装备的商品信息，挑了好几个晚上，终于买好了泳衣、泳镜、救生圈等装备。她还看了网上游泳教学的视频，自己跟着视频练习游泳的姿势。然后，她跑了自家附近的几个游泳馆，咨询成人学习游泳的一些情况，比如游泳课是怎样上的，班级的规模如何，老师的水准以及游泳馆的基础设施和环境如何……

等到她觉得所有信息都了解好了，各方面都准备充分了，可以开始学游泳时，夏天已经过去了，游泳池的水太冷，没法游了。她做了漫长一夏的准备，却一次水也没下过，买的那些装备一次也没用过，这些装备连同她学游泳的热情一并被放进了衣柜里。

这个故事用一句话总结就是：“要学会游泳，就必须下水”。据说这是列宁的名言，很多人把它当成座右铭。为什么她如此想学游泳，却一直无法下水，迟迟无法开始呢？因为完美主义在作祟。这位朋友的故事是完美主义导致拖延的典型案例。

漫画家朱德庸说：“大家都有病。”拖延症似乎是这个时代人人都会得的病。无论是与朋友交谈，还是在网上看各种文章帖子，或者看微信朋友圈里的信息，你会看到有无数人在宣称自己有拖延症。拖延写毕业论文的学生、无法按时完成销售报告的白领、与deadline（最后期限）做斗争的编辑……

严格来说，拖延症算不上一种“症”。无论是从国际通用的精神疾病诊断与统计手册中，还是从中国的精神疾病诊断手册中，都找不到“拖延症”的名字。其实，大部分人的拖延行为都没严重到“病”的程度，但拖延确实给很多人造成了困扰，比如我这位想学游泳的朋友。同时，我们要看到，有很多心理问题都能导致人们产生拖延行为。其中，完美主义是造成很多人拖延的根本原因。

有个大学生给我写信说：“一直以来，我做什么事情都不愿意匆匆忙忙地开始，总是要准备很长时间，以求万事俱备。比如，老师让我交份报告，我会去图书馆找很多资料，再花很多时间认真读这些资料，一直无法开始写。等我觉得差不多可以写报告时，时间已经所剩不多了，因此我非常焦虑，压力很大。最后，因为赶时间，我不得不将报告草草写完，我对自己很生气。再比如，快期末考试了，同学们都开始复习，我也认真准备，我跟自己说每天要复习多少小时，看多少页书。当我看了几页书就去打游戏、看电视时，我会觉得自己打破了之前订的计划，一整天都没心情学习了。于是，我就开始破罐子破摔，打一整天的游戏。

“每次打破计划时，我都跟自己说，明天重新开始。可是，重新开始时，我又会遇到同样的情况……我知道这样的行为会浪费我很多时间，我也一直在和自己的拖延症做斗争，但我总是控制不住，一次又一次地拖延，心里很痛苦。”

不知道这封信会引起多少人的共鸣，我看完后，对他的这种心理状态很理解，并深有体会，因为从小我就是一个受完美主义折磨的小孩。上小学时，我做作业常常要做到夜里十一二点钟，因为每当我做错了或者写错字有涂改时，我就要求自己重新开始。我会把那一页撕掉，在崭新的、没有错误没有涂改的纸上再写一遍。所以，一份作业，别人做一遍，而我至少要做两遍以上。于是，我不仅经常写作业写到深夜，本子也越撕越薄，到期末总要买新本子。这样的情况一直延续到我小学毕业，直到我上了初中，因为作业多、课业压力大，我才降低了标准，从而解决了自己做作业拖延和效率低下的问题，在学习上得到了从完美主义中解脱出来的轻松。

有不少读者写信来问我："如何开始写作呢？当我脑子里有写作的念头，想深入思考时，我发现自己思路不清晰，非要厘清思路，才能开始写作。一方面我觉得自己书读得太少，知识积累不够，另一方面我担心自己写出来的东西太烂，很丢人，所以一直没有动笔写。就这样拖延着，时间久了，就忘记写作这回事了。"

也有人会一口气问我关于跑步的一大串问题：要选怎样的鞋子和短裤，什么时候跑步比较好，在哪里跑步合适，有没有教跑步的书和视频，跑步有哪些注意事项，受伤了怎么护理，要不要找个老师教我跑步……

其实，无论是写作还是跑步，问这些问题的人多半是完美主义者，他们做一件事常常要进行充分的前期准备。等到他们把这些问题都搞清楚了，觉得万事俱备的时候，不知道他们是不是已经老了，写不动也跑不动了。

/ 二、对你来说，完成似乎比完美更重要 /

虽然很多人的拖延行为都是完美主义导致的，但完美主义者们的核心信念是不同的，完美主义拖延症患者的核心信念是什么呢？

在《拖延心理学》一书中，斯坦福大学的心理学家卡罗·德威克做了完美主义倾向的观察。在研究人怎样面对失败的时候，她识别出了两种不同的心态：一种是固定心态，一种是成长心态 。

书中说，有固定心态的人认为“智力和才能是与生俱来的，是固定不变的。成功不过就是要证明你的能力，证明你是聪明的、有才干的。并且，在生活中面对每一个挑战的时候，你必须一再地证实这一点。如果你具有固定心态，就容不得任何情况的任何错误，因为错误是失败的证据，错误说明了你其实根本不聪明，也没有才干。假如你聪明又有才干，不管什么事情，你就没有必要为此而努力；需要努力是不够聪明和没有才干的证据。同时，每一次表现都被看成对你能力的一次定论性衡量，失败令你感到危险；失败永远地决定了你这个人”。

书中还说：“第二种心态——成长心态。这种心态的核心信念是：能力是可以发展的；通过努力工作，你可以随着时间推移而变得更聪明、更优秀。在成长心态看来，努力可以让你更聪明或者更擅长于某件事情；努力可以激发你的能力并成就自己。在这样的心态看来，你没有必要立刻擅长某件事情。

“事实上，做一些你不擅长的事情反而更为有趣，因为通过做这样的事情，你可以拓展你自己，并从中学习。有成长心态的人不仅仅追求挑战，他们还以此充实和提升自己。失败可能会让你伤心和失望，但是成败并不决定一个人本身的好坏。实际上，失败是一个让你加倍努力的理由，而不是一个让你退缩、放弃和拖延的理由。”

所以，如果你认为成败决定你这个人本身的价值，那你就容易因为完美主义而拖延。相反，如果你认为失败并不代表你这个人本身的失败，而且失败可以让你获得更多的学习和成长机会，那你就不容易因完美主义而拖延，反而更有动力和激情去尝试之前没做过的事情。

这两种心态的人的第一个区别是对自己的看法。前者除了对自己高标准、严要求外，还相信自己有与这种要求相匹配的能力。而后者不相信自己有与之相匹配的能力，但他们又不肯降低标准，于是高标准只会使他们产生挫败感。在遭遇失败时，高标准会提醒他们自己是不完美的。

第二个区别是对失败的看法。前者虽然讨厌失败，但他们会把失败看作成功路上必然的经历，并能在失败后很快调整自己，重新出发。后者一旦失败，就觉得自己整个人都不好了。“我就是没用”“我就是差劲”“我就是丢人”……他们开始攻击自己，不断谴责自己，这导致他们情绪低落，无法继续做事。

这是两种对待失败的心态，用更容易理解的方式讲，就是一个人做一件事情是以目标为导向，还是以过程为导向。或者说，你是看重结果的成败论者，还是看重过程的过程体验者。

前者害怕失败，因为一旦失败，就证明自己无能、无价值。可以说，对他们而言，拖延这种行为有降低他们的工作效率、浪费他们的时间等坏处，也有将他们从可能遭遇的失败中保护起来的好处：我不做，我就不是失败的，我就不需要面对自己的无能与无价值感。

我有个心理咨询师朋友，她在写作上总是拖延，这使她深受困扰。她有很多感受和想法想表达，但她始终无法将脑中的想法变成文字，和她一起开工作室的同事让她写篇文章，她也一拖再拖。我们就这个问题深入交谈，她跟我讲了小时候的一件事情。

上小学的时候，她的作文写得很好，常常被老师当作范文念给全班同学听。有一次，她妈妈带她去北京旅行，参观了天安门。回来后，她写了一篇关于天安门的作文。但是，这篇作文她写得有点虎头蛇尾。那时，有篇课文叫《天安门广场》，看了课文，她觉得别人写得很好，而自己写得很差。老师也批评她写得虎头蛇尾。同学们看了她的作文，也嘲笑她写得不怎么样。这件事情对她影响很大。

从此以后，她内心的想法就是：“无论我写什么，都是别人写过的；无论我写什么，总有人比我写得好。”就这样，对她而言，写作变成了毫无意义的事情，只是在浪费时间罢了。因此，她在写作一事上就经常拖延。

她和我分享完这个故事，我很感慨，对她说："你是否想过，就算别人写得再好，那也是别人写的东西，不是你写的。不管你写得如何，当你写作的时候，你享受了写作的过程，这个过程是真真正正属于你的，而不属于其他任何人。对你来说，完成似乎比完美更重要。"这也是我一直坚持写作的原因，我不会去跟别人比较文章写得有多好，我就是喜欢写作这个过程，当我写作的时候，我感到快乐。

前段时间，这位朋友开心地告诉我，她终于克服了写作拖延症，从每次写200字开始，她开始享受写作过程带来的快乐。我替她高兴。

并不是所有的完美主义者都有拖延的问题，就算有，也不是在生活的所有方面都拖延，他们的拖延症往往具有自己的独特性。这种独特性往往与一个人的童年经历或内心创伤有关，比如我这位咨询师朋友在写作上的拖延就与她小学时的那段经历有关。

有个来找我咨询的销售人员，他在工作上得心应手，业绩很棒，只是在做销量表这件事上有很严重的拖延问题，这令他头疼不已。每个月月初要交销量表，但他总会拖到月底交。原因是他小时候做数学作业，他父亲总会很认真地检查，如果发现他做错了，就会大声呵斥他，罚他重新做，甚至会动手打他。因此，他每次做数学作业都会一而再、再而三地检查，生怕出错挨打。这件事给他造成了心理阴影，长大后，凡是与数字有关的工作，他要么不想去做，要么做的时候反复检查核对。我们可以看到，类似这样的完美主义者的拖延行为往往与他们的童年创伤有关。

/三、waiting for life is waiting for die /

讲了这么多，我们可以从中总结出以下方法，用来克服完美主义导致的拖延问题。

1. 看看你的拖延行为是否与童年创伤有关。

如果是童年创伤导致的拖延行为，先看看这些创伤是如何影响自己的。通常这些创伤与严厉、高标准的父母有关，父母经常采用批评式的教育方式，使得孩子害怕失败。他们对失败会有灾难化后果的想象，觉得自己如果失败了，就会完蛋。后来，拖延行为往往成了一种自我防御机制，用来逃避风险。

一个人是如何成为完美主义者的？父母对他们有很高的要求，他们会将父母的严厉和高要求内化，变成自己对自己的严厉和高要求，即便父母已经放松了对他们的要求，他们也无法对自己降低要求，他们就像在用绳子进行自我捆绑。你的完美主义拖延行为是否与童年创伤有关？如果是，看到并承认这份创伤，然后去治愈它。当创伤被治愈后，拖延的问题可以通过建立新习惯得到解决，甚至会自然改善。当然，这需要一个过程，请允许自己慢慢来。

2. 设定真实可及的目标。

很多完美主义者之所以有拖延行为，是因为他们将自己的目标制定得太高了，那些难以企及的高标准压得人无法行动。你需要看看自己是否将目标定得太高、太不切实际了。如果是，你就要进行调整，降低自己的期待，参考以往的成功经验，设定真实、可完成的目标。如果是一个大目标，可以将大目标分成几个连续的小目标，每一个小目标的完成都会增强你的自信心。

3. 享受做事情的过程，而不执着于最终的结果。

做事情时，把你的关注点放在过程上，以过程为导向，积极关注自己在过程中取得的成果、学到的东西、获得的成长，并且去挖掘自己在过程中得到的乐趣。记得不要与别人比较，而要与自己比较，看看今天的自己与昨天的自己相比、今年的自己与去年的自己相比是否进步了。重要的是你在做事的过程中学到了什么，什么让你感到兴奋，你得到了哪些提升。结果只是背景而已，能力也不再是固定的东西，它是可以变化和发展的。当你在过程中得到很多乐趣和快乐时，你会觉得这个过程本身就是结果，过程充满了意义和价值。

4. 重新定义和看待失败，不把事情的“成败”与“我”的价值对等起来。

前面讲到，有些完美主义者会把事情的失败和自我价值完全等同起来。因此，要克服拖延症，完美主义者除了要看重过程，还要把事情的成败与自己本身的价值区分开来，“我做的事情失败了”并不等于“我这个人失败了”。不过，要做到这一点很难，因为大多数人常常将“我做的事情”和“我”等同起来。如果我们改变面对失败的心态，从“固定心态”更新为“成长心态”，把每一次失败都当成一次成长的契机，当成充实和提升自我的手段，丰富和扩展我们的人生，那我们就不会如此害怕失败了。

5. 不因自己不能高标准地完成某项任务而破罐子破摔，彻底放弃。

很多完美主义者都有一个不好的习惯，那就是一旦自己的计划或誓愿被打破，他们就破罐子破摔，彻底放弃，他们承受失败的能力几乎为零。他们喜欢不断地重新开始，相信明天一切就会变得完美，不能灵活地面对和处理那些不完美的事情。他们只有两个极端：要么完美，要么放弃。保持灵活、充满弹性的心态可以帮助这类完美主义者克服拖延症。当计划被打破后，你还有其他选择，比如重新调整计划，比如允许自己不完美，再比如选择完成而非追求完美。

6. 立即行动，先开始再说。

这一点对所有拖延症患者都适用，尤其适合那类万事俱备才开始做事情的完美主义者。什么事情，拖得你心烦又痛苦，就立即行动，先开始再说。有人问我何时开始写作或者何时开始跑步，我往往回答：现在。

现在就是最好的时间，开始吧。如果你想写作，不管你脑子里想到什么，也不管别人怎么看待你写的东西，先坐下来写上三分钟再说。如果你想跑步，也是如此：找一双舒服的鞋子，跑上三分钟再说。你会发现，一旦你开始了，三分钟过去，你不会停下来，会继续做下去。

很多事情，只要有必要条件，我们就可以开始做了，不必等到充分必要条件都满足，一是很难有充分必要条件都满足的时候，二是充分必要条件都满足的时候，往往会错过最好的时机。就像我那个想学游泳的朋友一样，她准备了整整一个夏天，却没有游过一次。如果用她那些准备的时间练习游泳，那她早已学会游泳，并享受到了炎热夏日在水中畅游的愉悦感。想尽快学会游泳，就要尽快下水。做什么事情都要等到万事俱备再行动，如果条件一直都无法完全俱备，怎么办？难道要一直等下去吗？西方有句谚语，叫作waiting for life is waiting for die，意思是等待生命就是等待死亡。

7. 学会激励自己而非谴责自己，为自己阶段性的胜利而庆祝。

我们很多人都喜欢谴责自己，而不会激励自己。在失败的时候谴责自己，在成功的时候不奖励自己，这是很多人的做法，这样的做法对自己相当不公平、不爱护。很多人一边自责和辱骂自己，一边拖延，以为这样自己的拖延症就能改善，殊不知自我厌弃是换不来行动力的，只会导致更严重的拖延。

内疚和自责会让我们陷入“放纵—自责—更严重的放纵”这一恶性循环。同时，谴责自己也会给我们带来更多的压力，让我们消耗大量的心理能量，让我们无力自控，无法理性思考，也无法振作起来去克服拖延症。相反，对自己的爱、对自我的接纳、失败时的自我激励、阶段性胜利时的奖励和庆祝，都会帮助我们更好地战胜拖延，增强意志力和自控力。所以，在拖延症发作时，多对自己说“加油”“你好棒”等激励的话语，这有利于你克服拖延症，变成更好的自己。

做自己人生的转运牌

男友和我讲了他的朋友A先生开冰激凌店的事情。A先生有时忙于其他的事情，不能到店里看管，所以他雇了两个大学生当店员，但这两个人的工作表现令他非常不满。每次去店里，他都要被气得半死。原本应该早上10点开始营业，这两个人却经常吃过午饭才到店里来。下午三四点的时候，这两个人常常不管店里的生意，一边喝着啤酒一边闲聊，或者早早就锁门回家。如果客人点了比较贵的冰激凌，他们会回复客人说不会做，让客人点个便宜的。可想而知，A先生的冰激凌店因为经营不善，根本赚不到钱。

/ 一、做最好的自己 /

听完男友的讲述，我的第一反应就是："很多人不都是这样吗，没人监督就做不好自己应该做的事情。”

男友回应：“才不是呢，换作你，你会认真负责吗？肯定不会吧。”

我说：“当然会，人家雇了你，给你工资，做好自己的事情是你的责任，应该且应分。再说，我觉得做事情要对得起自己，你做得很糟，自我感觉也不好啊。你怎么看呢？”

他答道：“我觉得，既然是双方商定好的事情，就有一份承诺在，双方应该履行好各自的权利和义务，哪有只拿钱不干活的！”

我们两个人分别从“对自己负责”和“契约精神”这两个角度理解这件事，并且都认为冰激凌店店员错在“没有做好自己的本分”。

这让我想到一个做HR（人力资源）的朋友和我谈到面试者迟到的事情。他说，现在很多面试者在守时方面都做得不够好。约好下午两点面试，十个人里，能准时到的人不足一半。更糟糕的是，有的人迟到太久了，他不打算继续等了，打电话告知对方，对方回答道：“我就在门口，马上就到，你等等我……”于是，他继续等，左等右等，过了好久，对方才到。他才知道对方在电话里讲的是假话，明明在半路上，却说马上到。后来，他就完全不理会这种人了。

他说，对那些迟到时间不长的面试者，他会等对方，给对方面试的机会。面试结束，如果大家能力差不多的话，他更愿意录用那些准时或提前到的人。

他进一步解释道："有的人确实不认识路，甚至迷路了；有的人没算好路上需要花的时间；有的人乐观估计了交通状况；还有的人时间观念不强，没有守时的习惯……这些都可以作为迟到的理由，其实，守不守时的问题能反映出一个人是否会对自己负责，是否诚信，是否会在人际交往中给予对方尊重。时间是彼此约定好的，既然是约定，彼此都应该做到，你守时不仅是对自己负责，也是对别人负责。迟到不仅浪费了你的时间，也浪费了对方的时间。"守时这件小事反映了一个人的很多细节，比如合作精神、诚信与否、是否善于时间管理等。因此，他更愿意录用守时的面试者。

对这位朋友讲的话，我体会颇深。我曾参加过一个心理学培训班，为期十周，每周有一个晚上上三个小时课。我发现，守时这样的小事很多人都做不到。班上20个学生，每次都来上课并且准时到教室的居然不足1/3。

之前，有个编辑约我写书评，我问她什么时间交稿。她说："月底吧。"我说："还是确定具体时间比较好，7月28号行吗？"她回答说："你太敬业了！"这不禁让我非常困惑：面试的时候，面试者准时到达，这不是起码的要求和对人基本的尊重吗？上课不迟到、不缺席，这难道不是学生应尽的本分吗？作者准时交稿，只是在做自己应该做的事情，不是很正常吗？

事实上，假如你是一个面试者，和其他人竞争一个职位，也许仅仅因为你在守时这件小事上做得更好，你就能脱颖而出。假如你是一个自由撰稿人，如果你能做到按时交稿，可能就会有越来越多的编辑找你约稿……

/ 二、只是多看了几本书，只是多写了几百字 /

如果把人按能力高低划分，组成的一定是一个金字塔形。金字塔底部是一群怎样的人呢？是一群不那么负责、不那么守本分、不那么靠谱、不那么诚信的人，也就是说，是一群最普通的人。这是不是一个好消息呢？如果你身处这群人中，你根本不用拼命努力，也不用拼爹，更不用拼天赋，你只要做到你应该做的，做好你分内的事情，就已经超越大多数人了，就往金字塔的更高层迈进了。就像一群人都是懒汉，天天躺在床上，而你只要坐起来，就算是勤劳的人了。

我认识一个广告人，很年轻，才做了四年就做到了行业里一家有名公司的总监。我问他升职的秘诀，他说，只是比别人多看了几本行业经典书。我不信，以为他在开玩笑，没想到他很认真地看着我说："这是真的，我就是比别人多看了几本书，《一个广告人的自白》《当代广告学》《定位》《创意》等，现在读书的人太少了，而好好读这些书的广告人则更少。”

有个女友告诉我，她很喜欢做美食，也喜欢拍照，一直想写美食博客。但她觉得选照片、上传照片很麻烦，还要写文字、编辑整理文字，这些工作既烦琐又累。所以，她一直没坚持下来，常常做到一半就放弃了。她总是羡慕那些写美食博客的人，看到别人的文章有很多人订阅，她更是嫉妒不已，恨自己为什么就是做不到。我说：“你想过没有，其实他们也跟你一样，做选照片、上传照片、编辑文字这样的琐事，才能让自己的博客被大家看到，他们并没干什么和你不一样的牛逼事情。

“表面看起来，你们的差异是，这些博主完成了一篇篇博客，而你放弃了一篇篇博客；而内在的差异是，他们肯定和你一样，也有想放弃的心理，但他们超越了自己，多了一点点坚持，完成了这些琐事。实际上，他们超越了无数像你这样的人。”

我曾在文章中写过这样一段话：“一个人如何从竞争中脱颖而出？其实非常简单，他要做的事情大多是一些小事情，甚至是一些非常本分的事情。人是通过细节和小事展现自己的。人与人之间的差异大多体现在一些细节和简单的小事情上。所有干大事的能力都是从做小事中生发而来的。有时成功并没有那么难，做好别人没做到或忽视的小事，你就赢了。”

现在，我更加认同这一点。不要再喊什么艰苦奋斗、什么努力拼搏、什么要干一番大事了，你只要多一点本分、多一点靠谱、多一点坚持，你就超越了大多数人。遗憾的是，大多数人连这些都做不到。他们往往不仅没有做好自己应该应分的事情，还抱怨连连，以为自己是世界上最努力付出却得到最少的人。

建议职场中的年轻人记住这一点：职场也好，生活也罢，往往都是由一件件小事组成的，不要看不起小事，无论怎样的事情交到你手上，你都要有做事的样子，要学会对自己负责，对自己的工作负责。

你的工作成果往往代表了你的人格，它就是你的广告牌，用心做好自己的事情，给人靠谱的感觉，别人自然会看到和感受到，你的收入和职位自然会提高。与他人合作的时候，要注重自己的信用，遵守彼此的约定，每一次拖延和打破承诺都是在降低别人对你的信任，这是对自己的严重伤害。如果你是一个长期守信的人，你自己就是人生的转运牌，你会吸引越来越多的人靠近你，也会吸引越来越多的好运和金钱。

卑微工作的十二条启示

前段时间，我看到英国《金融时报》专栏作家露西·凯拉韦的一篇文章，写的是她儿子高中毕业后在一家外卖快餐店打工获得的启示。她讲了九条启示，比如“无所事事很糟糕”“与老板称兄道弟绝不是什么好主意”。我看完文章，心想，身为80后的我虽然工作没几年，但做过的卑微工作并不少，从中得到的启示也很多。那些卑微的工作教会我的东西让我一直很受用，相信这些启示多少也能让你获益。

我在福建的乡下出生并成长，小学三年级时有了第一份工作：春季到山上去采摘蕨菜，并拿到集市上去卖。母亲帮我将采回来的蕨菜扎成几小捆，一捆一斤，再把蕨菜的根部切得整整齐齐的，并在其表面洒上一些清水，加上我采摘的蕨菜比较鲜嫩粗壮，在集市上，我几乎没怎么叫卖，很快就将蕨菜卖完了，比一起摆摊的小伙伴们早回家。这份工作给了我几条终生都受益的启示：

1. 有的时候赚钱很难，有的时候赚钱又很容易。

那时候我还小，为了采摘野菜，漫山遍野地跑，几个小时下来浑身是汗，回到家全身酸痛。这时候，我才体会到父母赚钱多不容易。但是，当我很快就在市场上卖掉蕨菜赚到钱时，我又感觉赚钱太容易了。后来，我做了其他几份工作，包括现在做自由撰稿人，体会也是一样，有的稿费好挣一点，有的稿费难挣一点。人生是不是也是如此，有的时候辛苦一点，有的时候享受一点？那一张张100元钞票，一张好挣一点，一张难挣一点，这样交替着就过完了一生。

2. 赚到钱的感觉真好。

那年春天，我赚到了人生的第一桶金——50元人民币，我非常兴奋，赚到钱的感觉很棒。也许很多人还记得自己第一次发工资时的感觉，慢慢地，大部分人都忘记了赚钱的感觉是多么令人愉悦。

3. 外表很重要。

无论是一个人还是一件产品，外表都非常重要。人们往往会根据某人、某物的外表来做价值判断，所以，尽量让外表变美是有积极意义的。这就是心理学里所说的“晕轮效应”。一个人对另一个人（或事物）的最初印象往往决定了他对此人（或物）的总体看法，如果看不准对方的真实品质，就会形成一种好的或坏的成见。巧妙地运用“晕轮效应”，有助于事情的发展、目标的达成。

4. 你的产品就是你的广告牌，它是你最重要的代言人，产品好不怕没销量。

这条启示可以推广到生活的其他层面。如果你是中学生，你的成绩、你在学校的表现就是你的产品。你成绩优异，在校表现出色，就不怕没大学要你。如果你是上班族，你的工作成果就是你的产品。你的业绩好，又得到客户认可，就不怕没公司要你。总之，只要你足够好，不会没人欣赏你，也不会没人要你。

5.生活中有很多让你心中不爽的人、事、物，通过多次训练，你是可以克服这种不爽的感觉的。虽然克服了工作上不爽的感觉，但并不代表你会爱上这份工作。这两者是有区别的。

高三毕业那年，我在哥哥的服装店里做导购员，这是我的第二份工作。除了在这个店当导购，我还在嫂子的地摊上当导购，这个地摊离我哥的店很近。那条街是夜市街，非常热闹，所有的地摊都营业到午夜十二点。这份工作我干了一个月。很多时候，服装店里的顾客对导购员态度都不怎么好，有的甚至很没礼貌，你向他介绍，他连看都不看你一眼。刚开始我心里挺不舒服的，时间一久，我就脱敏成功了。

我嫂子的地摊卖的是女式牛仔裤。遇到顾客喜欢某种款式，但偏偏没有她要的那个尺码（比如她要的是27码，我们只有28码）时，我们通常的做法是：拿着这条28码的裤子对顾客说去仓库找她要的尺码，然后跑到我哥的服装店里将裤子的尺码剪掉，接着拿着这条裤子回来，告诉她这就是她要的27码。这件事情给了我另外两条启示：

6. 做事情要有灵活性和变通性。

在服装店打工的时候，我没有遇到过这样的情况：穿27码牛仔裤的女生买了28码的裤子，跑来退货。我们不会用比实际尺码大两个尺码的裤子来欺骗顾客。通常来说，大一个尺码，裤子只是稍微大一点点，她们并不在意，还是能凑合穿的。

7. 无商不奸。

为了自己的利益，商人们常常会要些手段、撒些谎，作为顾客的我们要睁大眼睛。不过，很多时候，睁大眼睛也没有用，你甚至不知道自己被欺骗了。

在广州卖服装的时候是炎热的夏季，每天下班已经是午夜十二点以后了，即便是在一两点钟，天气依然闷热难忍。我带着满身暑气和疲惫，躺在哥哥店铺阁楼里狭窄的床上，听到清洁工扫大街的声音，得出了下一条启示：

8. 永远有人干着比你的工作更卑微、更辛苦的工作，你要学会对生活感恩。

当我学会感恩时，我减少了对工作的抱怨。做一份自己不喜欢的工作，还成天抱怨，那会更糟。而且，没有人愿意和喜欢抱怨的人一起共事。这条启示也让我更加尊重其他人，无论他们从事怎样的工作，他们都是在努力生活的人，值得被尊敬，他们的劳动也值得被尊重、被肯定。那些扫大街的环卫工，那些种菜的农民，那些摆摊卖早餐的外地人……他们在为自己的生活努力的同时，也为其他人甚至整个社会创造了价值。

我的第三份工作是大学一年级的暑假在一家工资日结的公司当信息收集员。我每天都要打一两百个电话，告诉对方我们有一份行业资讯免费寄给对方，目的是为了获得对方公司的信息，收集对方市场部、技术部负责人的信息。这给我一条很棒的启示：

9. 天下没有免费的午餐，只有交换。

接到我电话的人，有的会拒绝我，有的听到可以免费获得一本行业期刊（也许这东西对他们来说完全没有用），便将公司的详细地址、主要负责人的姓名等信息告诉我。人们往往听到“免费”两个字就心动，其实，世上没有免费的午餐，我们为了获得信息要寄出期刊，对方为了得到期刊要透露公司信息。我的老板为了获得这些信息，要雇用一批像我这样的在校大学生打电话，还要对我们进行培训。所以，如果你想从别人那里得到什么，先看看自己有什么东西可以与对方交换，就像幼儿园里的小朋友为了能玩另一个小朋友的电动小汽车，可以将自己手上的泰迪熊与对方做交换一样。这是非常有用的人生智慧。

这家公司每周都会对员工进行考核。如果你打电话的次数很多，收集到的信息又多又全面，在周五下班的时候，你不仅能拿到当天的薪水，获得老板的当众称赞，还能得到物质奖励，可能是一盒巧克力或者一套质量很好的指甲刀套装。如果你的业绩很不好，那你下星期可能就不能来上班了。于是，我得出了另一条启示：

10. 职场竞争是残酷的，但竞争胜利的感觉很不错。

有两个星期，我很努力地打电话，不仅得到了老板的称赞，还获得了奖励，那感觉确实很不错。后来，我还干过电话营销的工作，推销时尚杂志。竞争同样很残酷，干得好，不仅能拿高薪，老板还会送你一部最新款的手机；干得不好，只能拿最低的薪水，甚至被解雇。

爱 自 己 ， 是 一 场 终 生 恋 情 的 开 始

抱歉，我就是做不到一切与完美

与生命里最深处的欢喜相遇

//

改 变 不 了 天 气 ， 但 可 以 改 变 心 情

//

有时离开，是为了更好地回来

你的第一个责任，就是让自己幸福

自由属于那些强大而又孤独的灵魂

总想换种生活，带上喜欢的那个人

我的第五份工作是在一家咖啡馆当服务生。这家咖啡馆除了卖咖啡，还卖简单的中西餐。这份工作在周末的时候特别忙，在工作日则很清闲。在无所事事的上班时间里，我会和两个女同事聊天，有的同事会学日语。无论是聊天还是学习，老板看到了，都会批评我们。有一次，我在洗餐具的时候不小心打碎了一只杯子，赔了38块钱，而我一个小时只挣5块钱。咖啡馆的工作让我有了第11条启示：

11. 打工的日子是没有自由的，尤其是当你在做这样一份技术含量很低的工作时，你不仅没有自由，很多时候，你的劳动报酬也很低。

所以，自从做了这份工作，我更加珍惜自己在大学里的学习时光，学习更加刻苦努力了，希望毕业以后能找到一份好一点的工作。努力学习让我在大学里拿到了好多笔奖学金，于是，我把学习当成了工作，当成了另一种赚钱方式，这更加促使我努力学习。

大学毕业后，我在广告公司做文案。为了攒够去西藏旅行的钱，周末我在一家幼教中心兼职，当上门的幼教老师，教幼儿园和一、二年级的孩子思维数学。我的薪水是一节课35分钟40块钱，路上来回要两个小时，刨去车钱，一个小时只有差不多10块钱。有一次，在一个寒冷的冬天，我在浦东高行上完课，去公交车站等车，赶到虹口给另一个孩子上课。我站在寒风中等了半个小时都没等到那路公交车，全身冻得僵硬，孩子的母亲又打电话来催我，我感到非常绝望。还有一次，我上完自己的课，中心的老师临时让我去代另一个老师的课。地方非常远，下课后我累得要命，回家的路上还下起了大雨，中心的老师给我打来电话，一接电话我就哭了。这些时刻，我收获了第12条启示：

12.在工作中遇到困难时，你常常需要独自面对，甚至在人生中遇到困难时，你也需要独自面对，虽然有人能帮你，但最终能帮你走出困境的还是你自己。你是自己人生问题的解决高手，要相信自己。生活没有捷径，要实现自己的梦想，只能靠自己。

许自己一个不那么屌丝的未来

/一、抱怨，只会让人从年轻的loser变成年老的loser/

有个平面设计师写信来向我倾诉烦恼，他工作两年，换了好几份工作，离职的原因各有不同：老板要求高，工作压力大；遭到同事的排挤；工作内容净是些琐事，自己的才华无法展现出来；提出加薪，没得到老板同意……

他说："我觉得自己已经很努力了，也有设计方面的才华，为什么我不能找到一份好工作，找到一个爱我的女朋友？为什么上天对我这么不公平？毕业之后，我来到了上海，家里条件一般，没什么背景，妈妈爸爸也不能帮我什么忙，一切只能靠我自己，我觉得自己过得很辛苦。我厌烦了这种生活，我一直觉得自己不属于这个地方，我甚至觉得上海话让我听着恶心。我也不属于老家那个小镇，我不知道自己属于哪里。我每天做着枯燥而辛苦的工作，没有前途，离自己的梦想越来越远，每天我都想辞职不干了。我想改变，却不知从何入手，做什么事情都没毅力，真的很烦恼、很痛苦。”总之，他是一个职场之路坎坷、生活处处不如意的年轻人。

有种人是真正的屌丝，他们有以下一些特质：满腹牢骚，昨天抱怨自己家庭条件不好，今天抱怨老板、同事欺负他，明天抱怨女人们势利。不是抱怨这个，就是抱怨那个，实在没得抱怨了就会怪上天对他不公，命运对他残酷。眼高手低，对自己缺乏清醒的认识，没能力做大事，也不甘心做琐事；过分强调公平和自尊，常问的问题是凭什么我是打工的，凭什么别人是老板；空有梦想，不为实现梦想而行动，渴望省略过程，一步登天；总哀叹自己怀才不遇，并乐此不疲地诅咒着所有成功者。一个人如果天天抱怨，不做出改变，就会从年轻的loser（失败者）变为年老的loser，到那时，他就再也没有重新开始的机会。

有个朋友跟我说过一个故事，让我印象深刻。他在老家县城上初中的时候，班上选了几个学生去参加市里的物理竞赛，有的是物理成绩较好的，有的则是家里有背景的，比如父母是政府里当官的，或者亲戚是学校里的领导。他很想参加，但他的物理成绩不是最好的，家里也没有背景。小小少年的内心无比惆怅，只能沉默又黯然地看着这些学生课后被老师留下来上培训课。

他们班有个男同学，情况跟他一模一样，没有好成绩，没有好关系，也很想参加比赛。这个男同学的做法跟他完全不同，他跑去跟老师说自己对物理竞赛很感兴趣，很想参加。老师回答说名额有限，他“哦”了一声就走了。下了课，他厚着脸皮，不管不顾地去蹭物理竞赛的培训课，老师劝了他几句也没用，就任凭他听课，做练习题。比赛前领报名表，他跟在那些参赛学生后头，也许是老师被他的坚持打动了，居然把报名表给了他。后来，这个男同学居然是唯一拿到物理竞赛优秀奖的学生。

这件事对我的朋友触动很大，让他一直记在心头。他说：“我当初只知道怪老师不公平，没勇气去争取，害怕被嘲笑，害怕被质疑，害怕伤了自尊心。同样的环境、同样的事情，有的人选择了不同的应对方式和态度，结果就变得不一样。”成功，很多人认为，条件、环境、机会、资源、运气等因素是一件事情成功的重要原因，比如某某有个好爹，某某遇到了好时机。这些或许重要，但最重要的还是做事情的人，他是怎样的人决定了他会怎样去做事情，在面对问题和困难时又会怎样处理。

如果你也具备屌丝的那些特质，那你就会这样面对遇到的事情：当你犯错误，受到上司的批评时，你会觉得没面子，而不是觉得“我要好好改正错误，这样就可以变得更好”。上司让你做琐事时，你会觉得自己是个任人差遣的杂役，而不会觉得“这些琐碎的小事也有意义，可以磨炼我的耐性”。老板不给你加薪时，你会觉得“我已经很努力了，凭什么不给我加薪”，而不是认为“我还有做得不够好的地方，我要继续努力”。两年换了三份工作，且面临人际关系问题时，你会觉得“为什么上天对我这么不公平”，而不会去想“我是不是有问题，为什么问题总是如此相似，困境总是一再地重复，我要怎么改变自己……”

不同的思维方式决定了一个人不同的态度和行为，这些态度和行为往往会对一个人的生活产生巨大的影响，甚至决定一个人的一生。

在职场中，年轻人有没有才华不是最重要的，有正向积极的心态、谦虚踏实的工作态度才是最重要的。如果再加上做事细心严谨，个性开朗大方，有较强的沟通能力，容易与人相处，那就更好了。相比于才华、天赋，这些才是可贵的品质与能力。

/ 二、如果一开始我只想着改变自己 /

英国最古老的建筑物——威斯敏斯特教堂内一个不显眼的角落竖立着一块石碑，上面刻着一段广为传诵的碑文，震撼着前来拜谒的每一个人。

“当我年轻的时候，我的想象漫无边际，我梦想改变这个世界；当我成熟以后，我发现我不能改变这个世界，我将目光缩短了一些，决定只改变我的国家；当我进入暮年以后，我发现我不能改变我的国家，我最后的愿望仅仅是改变我的家庭。然而，这似乎也不可能……现在，我已经躺在床上，就在生命将要完结的时候，我突然意识到：如果一开始我就首先改变自己，然后，作为一个榜样，我可能为国家做一些重要的事情，就在我为国家服务的时候，我或许因为某些意想不到的行为而改变这个世界……”

一个人要改变自己身处的小世界，先从改变自己开始。我以为，一个人的神性体现在他认识自我、改变自我之际。屌丝当自强，要从认识自己、改变自己开始，抛下愚妄的自尊，不求虚假的平等。

自尊是个奢侈品，过于自尊有害无利。渺小的你不要太拿自己当回事，当你觉得自尊受伤，害怕被人耻笑、被人议论时，其实别人根本就不在乎你。就像在上海拥挤的人民广场地铁站里，你不小心摔了一跤，你首先应该担心自己会被别人踩伤，而不是担心别人会怎么看你，然后赶紧爬起来，拍拍屁股，从容离开。关注你的人从来就不多，很多时候，人的痛苦来自在意他人其实根本不是那么在意他的目光。

这个世界，不公平是绝对的，公平是相对的。人是生而不平等的，这是现实，你得接受。如果有人说让你享有公平，那多半是难以兑现的假话。屌丝的机会本来就没有高富帅多，如果你还要抱怨上天不公，那你能抓住的机会就更少。不被平等对待的人会争取平等，没钱的人会努力赚钱，人类因此有了改变自己命运的愿望与行动。正因有了这种不平等，世界才有了进步、活力与丰富多彩。

屌丝当自强，抛下愚妄的自尊，不求虚假的平等，踏实做好手头的这份工作，不要看轻小事，力求将小事做到极致，顺服和尊重你的领导，学习跟别人沟通和相处，你才会有一个不屌丝的未来。

改变不了天气，但可以改变心情

随着年龄的增长、人生阅历的丰富、阅读和写作经验的积累，也因为开始学习心理咨询， 我发现，看问题的视角是一种特别重要的东西。无论是面对职场上的困境，还是面对情感上的难题，不同的视角给你不同的解释、不同的感受。

电影《风雨哈佛路》中有一个小场景令我印象深刻。在上课的过程中，学生抱怨老师上课时不发教科书，只发活页资料。老师便问道："为什么我们不用教科书？"主人公丽兹被老师点名回答问题。老师把一本厚厚的教科书推到她面前，让她看看教科书和她手里拿的活页资料有什么不同。丽兹说，教科书是作者的文字，而老师发的资料则是其他许多人的文字。老师又问："为什么我要你们看它（指活页资料）？"丽兹答道："因为一种观点给你一种世界的认知。"

我认为，心理咨询师的一个职业要求就是：他（她）必须是一个拥有多元视角的人。在做咨询的过程中，他（她）能将一个或几个看问题的角度告诉来访者，或者能让来访者自己从不同的角度去看问题。

上心理咨询师培训课时，老师讲了一个案例，让我印象深刻。有一对新婚夫妇，装修完新房后就出门度蜜月了。等蜜月结束回到家，两个人震惊不已。因为忘记关窗户，出门后下了几场大雨，窗户周围的地板都被水泡了。不仅如此，家中的水管也漏水了，导致房子的另一侧积水。因此，整个房子都泡在水中，之前的装修毁了大半。这对夫妻拿着买水管的发票去找品牌商，结果无法证明水管是在他们那儿买的，得不到赔偿。

新房是夫妻俩辛辛苦苦装修好的，两个人没住一天，就遇到这样的事情，妻子无法接受现实。由于内心太痛苦，妻子出现了心理问题，陷入了抑郁、愤怒、焦虑、歇斯底里等情绪中，甚至还出现了幻觉。丈夫觉得妻子要疯了，便带她去看心理咨询师。咨询师做了几次咨询，都无法改善妻子的状况，也找不到新的突破口，情况陷入了僵局。无意中，来访者告诉咨询师，他们结婚的日子是北京奥运会开幕的那天，也就是2008年8月8日。

咨询师：为什么选择这一天呢?

来访者：因为难忘啊！结婚这么重要的事情，一定要令人难忘才行。

忽然，咨询师找到了咨询的新方向——“难忘”。

咨询师：你觉得新房积水这件事难忘吗？

来访者：很难忘，这件事我一辈子都忘不了。

在咨询师的帮助下，来访者想到，如果他们能携手将房子重新装修一遍，这也许是他们一生中最难忘、最有意义的事情。这位妻子从“难忘”这个角度去看待他们遇到的不幸，不仅她的心理问题得到了解决，夫妻俩的生活也回归正常。据说，夫妻俩重新装修了新房，两个人的关系也因此变得更亲密了。

在参加团体心理咨询的过程中，我对“视角”这个词有了更深的理解和领悟。一位22岁的女生失恋了，这是她第一次谈恋爱，男友在不告诉她任何理由的情况下跟她分了手，这使得她痛苦万分，觉得自己很不幸。这时候，团体中的一位30多岁、结了婚并且有了孩子的女士说：“当初我的初恋男友和我分手时，我也很痛苦，和你一样。我觉得自己这辈子都不会再遇见那么喜欢的人了，自己从此不会幸福了。但是现在，我跟爱的人结婚生子，过着很幸福的生活，虽然偶尔还会想起初恋，但这并不妨碍我过幸福生活。”

这时，另一位24岁的女生对失恋的女生说：“我好羡慕你啊，我比你大两岁，可我从来没有谈过恋爱，也不知道失恋的滋味是怎样的。”接着，旁边的一位男生发出另一番感叹：“我也是那种分手时不告诉对方理由的人，我认为这样做可以减少对女生的伤害。没想到这样做会让女生更伤心、更难过，我真后悔啊……”再接着，另一位男生说出来的话让大家笑作一团：“原来你们女生心思这么敏感，失恋了会这么伤心啊，看来我谈恋爱的时候要谨慎一点，要多关心女同胞的感受……”

你看，这就是有趣的地方：同样一件事，每个人从自己的视角看过去，看到的是不一样的东西。这样一番讨论下来，那位因失恋而痛苦的女生不再那么痛苦了，更重要的是，她多了一份理解，多了几个看问题的角度。

视角的改变常常带来心理感受的变化。今天天气不好我不能改变，但我能改变自己的心情，这让我感觉很不错。我们要从不可控制的被动状态变成可以控制的主动状态，看到自己的力量，生出一股自信来，看到“我”作为一个人的存在并不是软弱无力的，而是充满能量的。

我们每一个人都活在自己认识和理解的世界中，可以说，每个人都活得很狭隘。学会从不同的角度看问题，让我们多了一种认识自己和世界的方法。能从多个角度看问题的人，就会有一种灵活性，会活得更从容自在。另外，学会从多个角度看问题还能帮助我们更好地理解他人，让我们更富有同理心，在处理与他人的关系时更从容，生活更幸福。

让飞镖再飞一会儿

/ 一、谜语的答案是“时间” /

前几日，整理房间的时候，我从床底下翻出朋友帮我买的飞镖。当时，我在心里惊叹：“哇，我还有个飞镖呢！”其实，这个飞镖刚买来不久，也就一个月吧。那段时间，我跟朋友去上海虹桥机场看飞机。对的，你想的没错，不是去坐飞机，而是去看飞机。我们还去公园的草坪上玩飞盘，后来又在淘宝上买了一个飞镖。这个飞镖的靶子重得要死，飞镖是铁制的，前面尖尖的头，尾部插着塑料薄片，印着美国或英国国旗的图案。

我们用一根粗木棍把靶子挂在门后，在门与靶子之间挂块旧窗帘布，以免飞镖尖锐的头将木门戳出无数个洞。总之，那段时间我就跟“飞”杠上了。可惜杠上的时间不长，看飞机、扔飞盘的热情只持续了一个星期，而玩飞镖的热情更短，只有两天。扔了两天飞镖后，我就把它们收进了包装盒里，因为很重，只能推到床底下，吃灰。

这件事让我很纳闷，以前我去小酒馆喝一杯“螺丝起子”的时候，总会玩一会儿飞镖（后来，那个飞镖被撤走了，不知道是不是被我玩坏了），或者在电视上看看飞镖大赛，这些行为让我误以为自己对飞镖这项运动很有热情。真买了飞镖，我却只玩了两天。

有段时间，洗脚盆特别流行，装满水，插上电，咕噜咕噜冒水花，脚往里头一放，还能享受舒服的马杀基（泰式按摩）。想象一下，一家人坐在沙发上看电视，父母一边看着电视，一边泡着脚，气氛温馨又和美。那时候，洗脚盆成了居家旅行、孝敬父母、馈赠亲友的必备“神器”。走在大街上，尤其是二、三线城市的街道上，总能看到某洗脚盆品牌的代言人对着你笑得很煽情。

那段时间，我常坐着上家公司的帕萨特去二、三线城市出差，代言人的笑容常伴我左右。当时，我身边的好多朋友、同学都买了洗脚盆。我曾在网上和商场里看了好几款价格不菲的洗脚盆，心里盘算着要买三个，一个送我爷爷奶奶，一个送我爸妈，还有一个送我小姨。但是，我这人一懒、二拖、三记性不好、四小气抠门，舍不得为别人花钱，直到我爷爷过世，我都没买过一个洗脚盆。

后来，我问一个朋友他家的洗脚盆还用吗，他说在阳台上吃灰。前段时间，我去一个朋友家做客，在她家阳台看到了一个洗脚盆，里面种着绿绿的葱。

记得前几年，人们结婚买家电，一定要买一台DVD，或者过年买年货的时候，一定要添置一台DVD。后来，网络发达了，几乎每个人家里都有一台DVD在默默吃灰。

小的时候，我非常喜欢看电视，整天守着那个四方形的铁盒，像进了桃花源，问今是何世，乃不知有汉。现在，我家的电视机都吃灰好久了，连遥控器都找不着了。和朋友聚会时，有人说起最近正在热播的国产电视剧，立马被人鄙视了一番："你现在还看电视啊？！大家都用笔记本追《生活大爆炸》《广告狂人》《行尸走肉》等美剧，用小米盒子连着大屏幕的电脑看电影，你还在看什么国产电视剧，而且还是用电视机看！"

前年夏天，朋友送我一台外形很酷的搅拌机，既可以榨汁，又可以搅拌，还可以做冰沙，简直是高端大气上档次，可惜我只用了几次就没用了。我觉得买来的水果洗洗就能吃，还榨什么汁，耗电耗时还麻烦，用完还要清洗，而且重得要命，不小心砸到脚上，铁定残疾。后来，它就被放进壁橱里吃灰了。

今年年初，我买了一台豆浆机。刚开始，我每天早上都泡豆子，用豆浆机打豆子、煮豆子，用完后清洗豆浆机。最初，我为每天都能喝到新鲜健康的豆浆而开心，在做了几斤豆子后，我开始感到厌烦。等那几斤豆子吃完，我再也没去超市买了。豆浆机被摆在了搅拌机旁边，一起在壁橱里吃灰。

每个人家里被放在角落里默默吃灰的东西都不一样。我有个女友，有一摞摞近九成新的衣服躲在衣柜里默默吃灰。她还有一台通过电视购物买来的健身器材，吃了一年多灰，最近正挂在网上准备贱卖。我还有个男友，迷摄影迷了一段时间，买了当时最流行的单反相机，还花了大把银子买了好几个镜头。而今，相机和那些很贵的镜头横七竖八地躺在抽屉里默默吃灰，日常拍照或者出门旅行一部手机搞定。

现在，我家里使用率最高的家电产品只有一部智能手机、一台笔记本电脑以及一个电饭煲，这和大多数年轻人没什么差别。想想我们这些网络世界里的人的娱乐生活也真够乏味的：打游戏、追美剧、看电影、刷微博、聊微信。

这些被抛弃的大小家电，虽然同样遭遇了被抛弃的命运，但被抛弃的原因各不相同。有的是因为技术革新跟不上潮流而被淘汰，有的是购买者一时头脑发热的后遗症，还有的是使用者本人丧失了激情。最近一个月来，因为沉迷于美剧以及对生活丧失了热情，我发现我不仅放弃了看飞机、玩飞盘、扔飞镖等娱乐活动，对旅行的热情也消退了，没有哪个旅行目的地会让我怦然心动了。另外，我对厨艺的兴趣也淡漠了，不是去外面吃，就是在家做拌面，红烧肉、煎带鱼、煲汤我都没有热情做。甚至连坚持了两年的跑步都要放弃了，十公里一个月以来没跑过一次，五公里跑了一次。唯一让人感到安慰的是，我对阅读还充满着热情。

/ 二、迟到的爱情，逃不开的激情 /

先说说技术革新。技术当然很重要，但是，技术让人们的生活方式变得单一乏味了。在地铁里，我看到的是人手一部手机，打游戏、追美剧、看电影、刷微博、聊微信。相亲时，双方通常会问对方一个问题：你下班后都做什么？答案通常是上网。似乎由技术导致的生活和娱乐方式的单一化已经很难改变了。

再谈谈激情丧失的原因。最主要的原因是时间的流逝伴随着日复一日的重复。电影《霍比特人》中咕噜与比尔博玩猜谜游戏，其中有个谜题是：它会吞食一切，虫鱼、鸟兽、花草、树木，咬破生铁，蚀穿金钢，将岩石化成飞灰，杀死国王，屠灭城镇，沧海化桑田，高山成平原。这个谜语的谜底就是“时间”。

时间具有如此巨大的魔力，长期地重复一种生活方式会让人丧失激情，改变也会变得异常艰难。人们就像掉进了旋涡中，只能跟随旋涡旋转，身不由己。沉迷于网络中的男女想改变生活和娱乐方式也变得很难，好像他们已经被锁定、被黏住了，动弹不得。

我非常喜欢契诃夫的一部短篇小说——《带小狗的女人》。故事里的男女主人公一个已婚，一个已嫁，他们在一次旅途中邂逅，甜蜜相处了几天。原以为这只是一次普通的艳遇，旅行结束后，两个人就会重新回到原来的生活中。但两个人真心相爱，分手后，思念不断升温，男主人公古罗夫来到女主人公安娜所在的城市寻找她。从此，为了爱情，他们双双过着两面的生活，过着经常偷情却幸福的日子。这个故事没有结局，到此就结束了，留给人无限的遐想。

这部小说可以说是在讲婚外情中的真爱或者说“迟到的爱情”。婚外情中的真爱是日复一日的婚姻生活中的一剂良药，它软化人的内心，丰富人的情感，使人重新感受到存在的美好，使他的人生更加完整和圆满。同时，这部小说也可以说是在讲寻找生活的激情。契诃夫浓墨重彩地描写了主人公分手后的心理状态，以及精神上受到的煎熬。其中一段对古罗夫心理状态的描写让我印象深刻：

“多么野蛮的习气，都是些什么人啊！多么无聊的夜晚，多么没趣味的、平淡的白天啊！狂赌，吃喝，酗酒，反反复复讲老套的话。不必要的工作和老套的谈论占去了人生中最美好的那部分时间、最美好的那部分精力，到头来只剩下一种短了翅膀和缺了尾巴的生活，一种无聊的东西。想走也走不开，想逃也逃不脱，仿佛被关在疯人院里，或者监狱的强迫劳动队里似的！”

古罗夫虽然经历过很多段感情，但没体验过幸福，他爱上的只是爱情的感觉而不是那个人。当他头发花白、遇上安娜时，他才第一次认真地、真正地爱上一个人。安娜厌恶自己的婚姻生活，她对自己说：“一定有另外一种不同的生活，我一心想生活得好！我要生活，生活！”只有和古罗夫在一起才是她想要的生活。在婚外情中，两个人都找到了自己想要的那种充满真爱与激情的生活。所以，当今社会，婚外情频发与人们对婚姻丧失激情，以及人们企图通过婚外情寻找生活的激情等原因密不可分。

曾获得奥斯卡最佳改编剧本奖提名的电影《改编剧本》讲了一个很有趣的故事。苏珊是《纽约客》的记者，她采访了因酷爱兰花而经常偷采兰花、惹得满身官司的“采花贼”约翰，并将此人的故事写成了传记小说《兰花窃贼》。不久，某电影公司将这本书的改编权买了下来，并请来颇负盛名的改编人查理来将它改编成电影剧本。无奈查理已江郎才尽，他绞尽脑汁也无法完成《兰花窃贼》的改编，他只好向原作者苏珊求助，但性格内向的查理见到了美艳华贵的苏珊，竟紧张得说不出话来。他只好叫对编剧极感兴趣并想涉足其中的弟弟唐纳德来帮忙。兄弟俩在改编剧本时发生了一系列曲折离奇的故事。

约翰是个充满魅力和激情的人，他总是不停地变换自己的爱好——

热带鱼、乌龟、化石、兰花等。他对每个爱好都极度地迷恋，放弃时也果敢决绝。可以说，他在不断地寻找自己的爱好和激情所在，或者用变换爱好的方式来保持自己的激情。

苏珊在书中写道："我也想对一件事充满激情，我想知道那是一种什么感觉。"对苏珊来说，激情只存在于瞬间，她说："生活中有很多像'鬼兰'一样的东西，充满诱惑，让人们轻易地就爱上它……但是又有点虚幻，转瞬即逝，让人难以琢磨。" 苏珊的生活乏味寂寞，她更向往的是那种充满激情、对很多东西都热爱的生活，于是她爱上了约翰。因为约翰充满激情，而她缺乏激情、需要激情。

电影中，穷途末路的查理跑去上写作课。他问老师，一个没有高潮、没有冲突、没有结局的平淡的故事怎么写。老师当场就怒了："噢，这位先生，我不明白为什么你会提出这样的问题。这个世界每天都有事情在发生，有战争，有饥饿，有贫穷，有人相爱，有人分离。孩子还在吸吮死去母亲的乳汁，有人为了爱情背叛朋友。噢，先生，这个世界天天有冲突、天天有高潮，你却想写一个苍白无力、没有冲突的故事。我不知道你为什么来这里浪费我宝贵的两小时！"

/ 三、等待所有生活热情的回归 /

老师说的固然没错，但是另一方面，平淡是真，平淡才是人生活中的主调，激情、冲突、高潮只占极少的时间。白岩松曾在一个电视节目中说："在人的一生中，快乐与痛苦只占5%，其余的便是平淡的生活。"

激情丧失的原因之二也许仅仅是因为人们已拥有。在那些被抛弃的家电上，这一点得到了体现；在人类的情感关系上，这一点也得到了体现。法朗士有这样一句格言："人类没有去爱他已拥有之物的习惯。"最近，好几个女孩给我写信，谈到自己被男友抛弃的经过，在将自己的第一次给对方之后没几天，她们就被对方抛弃了。其中有位27岁的女孩，在献出自己的第一次后不久，男友就提出分手。她痛苦不堪，觉得自己这辈子再也没有机会恋爱嫁人了。

我在此不评论此类女孩的贞操观，我好奇的是那类苦苦追求一个女人，在终于把她搞上床后就不再喜欢她，弃她而去的男人。他们是一开始就确定了这样的目标和行为模式呢，还是等把对方搞上床后发现征服感消失，因而激情丧失呢？因为激情丧失，他们只好转而追求下一个女人，在征服的过程中重燃激情。他们是不是被自身对激情的需求所控制，或者说被不同对象的性欲所奴役，像个猎人一样不停地追逐猎物，一刻不得停歇，就像被施了诅咒的西西弗斯，被迫不停地重复、重复？结果陷入一种悖论，即为了激情变化成了为了激情而重复。

那么，是否可以说，激情本身就是一种重复？有始终变化而不重复的激情吗？人类是否注定会陷入像西西弗斯一样重复生活的命运中？

《改编剧本》中有句台词："不是所有人都能理解那份痴迷，痴迷是一种天赋，这种天赋让你木讷，让你面对一些流行话题的时候不知所措，让你没有办法和所有人愉快地打成一片，但是这份痴迷让你获得极大的快乐。快乐大过你失去之前一切得到的痛苦。"我不管生活是否注定95%是平淡，人类是否注定要过一种重复的、没有激情的生活，我都要找回生活的热情、热爱、激情所在，尽我所能地不去过一种重复的生活。

我想重新过上那种跟"飞"杠上的生活，我想重新过上那种痴迷于旅行、厨艺和跑步的日子，因为那时的我是多么快乐。我希望我除了有智能手机、笔记本电脑，还有飞镖，我的飞镖不再放在床底吃灰，而是能再飞一会儿，哪怕只是一会儿。我希望我的生活有变化、有热爱、有激情，我希望给生活加点料。我静静地又极不耐烦地等待着所有生活热情的回归。因为you are what you love，not what loves you（你是你所爱的，不是爱你的。）。

PS. 这篇文章写到一半的时候，我去公园跑了四公里，还去菜市场买了菜，烧了红烧肉，煎了带鱼，用搅拌机榨了西瓜汁。当喝下那杯西瓜汁时，我觉得这是完美的一天。

跑惯了高速路，会梦见羊肠小道

/ 一、蒙德里安裙优雅的身影 /

去年年底，上海博物馆有场画展——“从巴比松到印象派：克拉克艺术馆藏法国绘画精品展”，我和学画的朋友一起去看，巧遇了大学女同学。她说她是第二次来看这场画展，每次都会待好几个小时，可见她很享受看画展的时光。这位同学喜欢艺术多年，一直以来都想从事与艺术相关的工作，但她当了一辈子工人的父母强烈反对：“艺术这东西没什么用，不能吃又不能喝的，坚决不能搞。”于是，她做了与艺术无关的工作，但她经常偷偷过自己的艺术生活——玩摄影、看话剧、观展览。

在电影《阿黛尔的生活》中，阿黛尔的父母是普通的劳动阶层，艺术离他们的生活很远，他们的价值观也很保守。当女儿带着学艺术的女友艾玛回家吃饭时，他们只知道女艺术家应该找个有钱人养着，认为女儿选择当教师才是正道。

无论是我大学同学的经历还是文艺电影，似乎都在暗示：艺术是远离生活的，艺术从来都不属于普通大众，艺术只是社会金字塔最顶尖的那群人所追求的。但是，现实是否一定如此呢？

上大学的时候，教艺术设计的老师给我们布置了一项作业，临摹一幅蒙德里安的方格画——《红、黄、蓝的构成》或者《百老汇爵士乐》。他的这几幅画看起来很简单，就是几个色块和几根线条，但我们这些之前没经过任何艺术训练的学生画这样一幅画要耗时一整天，而且画得又粗糙又难看。当然，老师让我们临摹蒙德里安方格画的意义并不是告诉我们这些画看起来简单，其实画起来很难，而是让我们看到它们的美、它们的价值。

几年后，当我在一本杂志上看到《红蓝椅》的时候，我知道其实老师还想告诉我们更多。里特维尔德的《红蓝椅》受了蒙德里安的绘画作品《红、黄、蓝的构成》的影响。这件作品由13根互相垂直的木条组成，各木条间用螺丝固定，而非用传统的榫接方式。这把椅子的设计看起来相当大胆、与众不同。《红蓝椅》集中体现了风格派的哲学精神和美学追求，因此成为现代主义在形式探索上的一件非常重要的作品，具有里程碑式的意义。

1965年，著名时装设计师伊夫·圣洛朗设计了蒙德里安裙，首次将时装设计与艺术巧妙结合。如今，时尚与艺术的融合已经成了一种普遍的潮流。蒙德里安裙是一种不变的经典，你走在街头，总能看到它的影子。后来，我发现许多包、T恤、鞋子、手镯也运用了蒙德里安的画。看到人们将“蒙德里安”穿戴在身上，在大街上走来走去，我真是震惊不已。还有建筑造型，甚至连手机壳都“蒙德里安”。蒙德里安的艺术确实是金字塔顶端的艺术，但是，当你看到他的艺术风格展现在鞋子、水杯和手机壳上时，你还会觉得艺术离生活很远吗?

/ 二、你对自己如此重视，却不在意自己的穿着 /

很多人可能会说蒙德里安的绘画是个特例，他的艺术风格具有强烈的个人风格和渗透性，对建筑、工业、家具造型、装饰艺术、印刷业和设计等方面能产生广泛而深远的影响。这个特例并不能说明艺术对生活有怎样的影响。

我曾经是个广告人，还可以举一个苹果广告的例子。

苹果公司有许多非常经典的广告，其中大家非常熟悉的是iPod的广告：艳丽的纯色背景里，姿态各异的黑色剪影人戴着耳机线很长的白色耳机在忘我地舞蹈，手里还拿着一个白色的小盒子……这一系列的广告，无论是视频的还是平面的，都给人极强的视觉冲击力，不仅为苹果公司带来了巨大的产品销量，还扩大了其品牌影响力。如果你看过亨利·马蒂斯的画，尤其是《伊卡洛斯》这幅作品，你就会知道苹果广告的灵感来自何处，也会理解伦敦奥运会会徽的设计理念，能欣赏它的律动和美感。

这时候，你的耳畔也许会响起电影《穿普拉达的女王》中米兰达的那番话："哦，我明白了，你觉得时尚和你没关系。你每天去自己的衣橱，选了这件……我不知道是什么玩意儿……这件松松垮垮的蓝色毛衣，因为你想告诉世人，你对自己如此重视，以至于无法在意自己的穿着。可你不知道这件毛衣不是蓝色这么简单。它不是绿宝石色，也不是青色，准确地说是天蓝色……2002年，奥斯卡·德拉伦塔发布了天蓝色系列的女装，然后应该是伊夫·圣洛朗发布了天蓝色的军装式夹克，紧接着天蓝色就成为八位设计师的最爱。后来，天蓝色被百货商店踢了出去，融入了可悲的低端品牌。而你，毫无疑问，肯定是在打折时淘到的这件衣服。你不明白，这天蓝色代表了几百万的价值和数不清的工作机会。可笑的是，你自以为选了一件和时尚界无关的衣服，事实上，它正是这一屋子时尚人帮你选的。"

时尚是如此，艺术也是如此，只要你活着，你的生活就会受它的影响。你买的汽车、穿的衣服、用的电子产品、看到的广告，都有艺术的影子。所有的人都会受到艺术的影响，无一例外。假设某一天你看中了一款LV（路易威登）的包，因为你很喜欢包上的圆点图案，如果你花钱买下它，那你买的就不仅仅是一个名牌包，还有草间弥生的艺术。艺术影响你的审美，也影响你的购买行为。

记得在一期《冬吴相对论》中，梁冬提到他曾经问朋友："北京污染这么严重，堵车这么严重，房价涨得这么快，为什么人们还是愿意在北京这种地方待着呢？"朋友说："因为北京有魅力呀！"北京的魅力在哪里呢？其中一个回答是：北京有一些闲人。总有那么一些人，他们也不上班，你也不知道他们是干吗的。他们每天晃来晃去，最后呢，这些闲人就成了北京的魅力所在……在我看来，这些闲人有很大一部分就是北京的艺术家，他们画画、唱歌、搞设计、做各种手工艺品、展示装置艺术……因为有艺术的存在，北京才变得有魅力。

/ 三、一个陶罐、一首歌、睡前的几页诗 /

这几年，很多人开始渴望过一种慢生活，慢生活的一个表现就是贴近艺术。我发现有个叫"我的手艺"的网站（http://www.wodsy.com），上面会聚了一批手工艺人、艺术家和艺术爱好者。他们可以随时在线交流，及时分享灵感和创意，还可以分享他们的创业故事、创作花絮，展示他们的好手艺，推广他们的品牌与产品。这个网站倡导"人人都是艺术家"的理念，这一点我很喜欢。

不知道从什么时候起，我身边的朋友都渐渐开始过一种更艺术的生活。有的人从小就学画画，工作几年后，辞职办了自己的个人画室。有的人朝九晚五地上班，下班后投入自己的爱好中去，过起了文艺生活：学画画，学书法，弹古琴，做刺绣，玩摄影，上木工课，学习陶艺，甚至有做肥皂的。有的人还会把自己做的小板凳和陶罐拿来卖，希望别人也能喜欢自己的作品。其实，他们就是艺术家，人人都是艺术家。我相信这是社会的一种发展趋势，会有越来越多的人过起更诗意、更文艺的生活。因为热爱生活，所以诗意栖居；因为珍爱生命，所以亲近艺术。

比起很有用的名与利，比起实在又琐碎的生活，文艺确实像我同学的父母说的“这东西没什么用，不能吃又不能喝的”。文艺是不切实际的，文艺无用且虚无，不能帮你解决任何实际问题，柴米油盐的问题，它一点都解决不了，甚至还会让你很花钱。但就像《小王子》中说的一样，“只有用心灵才能看清事物的本质，真正重要的东西是肉眼无法看见的”。

艺术这样一种无用之物对生活的作用，肉眼是看不见的，要用心灵去感受。我们需要诗意的生活，而艺术恰恰赋予了生活诗意。它荡涤你的精神，滋养你的灵魂，照亮你的生命。

我很喜欢手艺人林曦对“无用之美”的阐述：“在一个有用的世界里，隐含着目的，隐含着得失，有目的就会有得失，有成功和失败就会有纠结。在一个无用的世界里，不是说你不要再去产生结果，而是你一直专注在一个向内的源泉。我不用成为任何一个另外的人，我就可以享受这份快乐，是一个向内的挖掘……无用就是能找到自己内在丰沛的源泉，然后去真心地品尝生活、生命、人真实的味道，再借由这样一种艺术的方式来学习四季的生长收藏，来学习生命的秩序，学会尊重这些秩序。"

我有个朋友，每隔一段时间，他会离开城市，去深山老林徒步。我问他："你为什么要去徒步啊？"他回答："因为梦见了山路。"多好的回答啊！跑惯了高速路，你就会梦见羊肠小道。艺术之于生活不是调剂，而是一种平衡，它作为当下生活的另一种可能，是日复一日劳作中心灵的另一条出路。也许，下班以后做个陶罐、弹奏一曲，睡觉之前看几页诗歌，你在都市中的疲惫心灵就有了远离高速公路、在山路徒步、欣赏生活之美的可能。正如亨利·马蒂斯所言："我所梦想的艺术，充满着平衡、纯洁、静穆，没有令人不安、引人注目的题材。一种艺术对每个精神劳动者是一种平息的手段，一种精神慰藉的手段，熨平他的心灵；对于他们意味着从日常辛劳和工作中获得宁静。"

你喜欢，比什么都重要

从事自由职业以后，我会收到一些网友的来信，问我如何看待自由职业者这个身份，如何应对身边人给予的压力，或者如何面对自己对未来的恐惧……他们有的是做翻译的，有的是当摄影师的，还有的人是自己做小买卖。从2012年9月辞职至今，我就再也没有在什么单位或公司上过班，一直在家从事自由职业。从事自由职业快两年的我，今天就借着这篇文章谈一谈自己的体会和感悟，也许这些经验可以帮助那些正在或者将要从事自由职业的人。

/ 一、自由职业者是不是 loser和怪人 /

从事自由职业以后，我认识了许多同类，有翻译、编辑、摄影师、瑜伽教练，也有律师、程序员、NGO的负责人、开个人工作室的心理咨询师、画家以及淘宝店主。在和他们接触的过程中，我发现其中大多数人的年纪在三四十岁，没房没车，工作不稳定，没有结婚，也没有恋爱，或者一直在谈恋爱但不结婚。当然，也有结婚生子、物质生活看起来比较富足的。总体来说，他们给我的感觉是不仅物质上不富有，个人恋爱和婚姻经营得也不成功。

刚从事自由职业的一段时间里，我内心有许多困惑，时常摇摆：自由职业是不是loser们才会选择的职业啊？我不就是因为在广告公司混不下去了才从事自由职业的吗？我要是混得好，会从事自由职业吗？我现在27岁，是不是这样干几年自由职业后，我也跟他们一样，没钱、没家、没事业？当时，我还常常想："要不就再找一家公司上班得了。"虽然这样想，但我一直没去找过工作，反而开始报培训班，认认真真地接受心理咨询师培训。

搞笑的是，在学习心理咨询以后，"自由职业者是不是有问题"这个想法更加困扰我了。在心理咨询界流传着这样的说法：来学习心理咨询的大多是正在遭受内心痛苦的人，做得好的咨询师很多是本身患过心理疾病的人，甚至病得很严重。我想到的心理学大师就有好几位。比如荣格，比如阿德勒。试想一下，我是自由职业者，又去学习心理咨询，身边的朋友、同学越看越觉得这些人（包括我自己，尤其是我自己）好像都有点病，有点不正常，有点不务正业。当时，从事自由职业的我内心有很多不安和恐慌，有强烈的自我怀疑，对自由职业也有情感上的偏见。

这个想法是如何打消的呢？我也记不清了，后来我越来越不愿意再去找家公司上班，现在已经完全不想这事了。我自己分析下来，有两个方面的原因：一是我真的很喜欢写作、阅读和心理咨询这几件事情；二是我慢慢找到了自己的生活节奏，开始全面适应不一样的新生活。

自由职业者也是正常的普通人，只是他们更喜欢自由一点，同时，他们从事的职业具有自由工作的特征，比如作家、编辑就可以在家写作、看稿。因此，他们在工作时间上有更多的弹性，但自由职业者在作息上往往是不正常的。人家休息时，我们忙得要死，比如周末的时候。人家忙的时候，我们在悠闲地喝茶，比如工作日的早上。我最忙碌的时候都是在工作日的晚上和周末，上课、写作、参加成长团体活动、做咨询。和大多数人一样，我也会有心理压力，每当这时，我就用“参差多态乃幸福本源”来安慰自己，就很安心。

/ 二、自由属于那些强大而又孤独的灵魂 /

辞职之后，我先痛痛快快地玩了三个月，去了桂林乘船游漓江，在云南梅里雪山风景区徒步，还在零下45摄氏度的漠河捕鱼。回来以后，我也不清楚自己以后要怎样生活，但我不着急，慢慢摸索。出新书，学习心理咨询师的课程，搞团体心理成长活动——鹦鹉螺，寻找并信仰一种宗教，跟喜欢做公益的朋友一起参加公益活动，用心经营一段稳定的爱情……这其中有些事情，之前我要么没时间做，要么没勇气做，要么没机会做。可是，从事自由职业以后，我一点点做起来，我过得很充实。在这期间，我经历了自由与自律的拉锯战，能重新看待自由与自律是我在这段时间得到的最珍贵的礼物。

每当刚认识的新朋友问我是做什么的时候，我回答说我是自由职业者，他们都流露出羡慕之情，“好开心，可以自由地做自己喜欢的事情”。我每次都回应说：“当你们每个月都能按时领工资，而我不能时，你们就不会羡慕我了。”选择就像一枚硬币的两面，每个“是”的背面都有一个“否”，你所要做的是勇于选择，并敢于对自己的选择坚持与负责到底。

自由职业者看起来自由，当别人早上挤公交、挤地铁时，你可以安心在家慵懒地睡觉或者吃早餐；当工作日别人在办公室忙碌时，你可以在公园听鸟叫、闻花香，或者背个包出门旅行；当别人突遭暴雨被困在上班路上时，你可以在家翻一本闲书或者看一部应景的电影……其实，你并不自由，无论是物质上还是精神上，你都有很多恐惧。

专职作家和自由撰稿人在中国都活得不够体面。据说，现在全中国以给平媒撰稿为生的人不超过1000人，而且不少人处于相当窘迫的境况。有人曾开玩笑说，自由撰稿人想买根绳子上吊自杀，都买不起质量好的，绳子老断，自杀不成。对此，我是深有体会的。在做自由撰稿人最初的几个月，我常常一个月只拿到几百到1000元左右的稿费，如果再加上稿费拖欠，那必定要动用存款。没有存款，又没有友情、亲情或爱情的赞助，你吃饭、住宿就成问题。除此之外，还有其他一系列生活难题摆在你面前：社保、养老金不交以后，老了如何养老？家里人不同意你从事自由职业，给你施加压力怎么办？你的邻居对你天天在家投以异样和鄙视的眼光，如何应对？寂寞的时候，你想约朋友陪你聊天，找不到人怎么办？我不属于某家公司、某个集体，不受某种制度的约束，我身边没有其他同事、客户等关系，我跟别人不一样，我是个自由的原子。正是这种自由让人失去了安全感，让人需要更强大的心理和自律的精神。

纪伯伦说，自由是人类枷锁中最粗的一条。弗洛姆在《逃避自由》一书中讲，人们在变得更自由的时候会变得焦虑和无所适从，会甘心交出自己的自由，希望它归属于强大的权威，让身处精神与身份孤独中的自己在一种从属关系中找到安全感。从事自由职业以后，我才明白，以前我之所以如此喜欢忙碌，工作的时候常常加班，不工作的时候也要靠写作、看书、运动、看电影、做家务来填补我的空闲时间，是因为我害怕真正的自由。我企图让自己保持忙碌，让自己忘记孤独，让自己不用面对自己，逃避人存在的痛苦。

生活中，这样的人比比皆是，他们在忙碌的时候总是抱怨太累、太辛苦。但是，真让他们闲下来，他们往往无所适从，浑身难受，总要找点什么事情让自己去做。那些不停忙碌的人其实是在回避孤独，拒绝面对自己，不想跟自己的孤独、存在的虚无共处。有太多的人因为害怕自由而心甘情愿地成为机械、忙碌生活的奴隶。

自由往往意味着不安与孤独，意味着要更多地触及“我是谁？”“我要怎么生活？”“我活着的意义是什么？”等难以回答又拷问灵魂的问题。我的心理老师说，真正能享受自由的人，是那些有着强大而又孤独的灵魂的人。

自由职业者拥有大把的自由时间，如果不能做到自律，很容易自我放纵，虚度光阴。很多人想从事自由职业，却无法成功，除了因为害怕孤独，还因为缺乏自律精神。自律在自由职业中显得尤为重要。我可以肯定地说，没有自律能力的自由职业者注定将一事无成，连养活自己都成问题。有些人想当自由职业者，但常常睡到日上三竿才起床，晚上又打游戏，或者看电视剧看到凌晨两三点钟。这样长期下去，即便是很有才华的画家、作家，也会把自己的才华耗尽，身体健康方面也会出现问题。

斯科特·派克在《少有人走的路》一书中说：“自律，是解决人生问题的首要工具，也是消除人生痛苦的重要手段。简单地说，所谓自律，是以积极而主动的态度，去解决人生痛苦的重要原则，主要包括四个方面——推迟满足感、承担责任、尊重事实、保持平衡。”我认为他讲得很对，自由职业者如果能做到以上四个方面，他的职业发展之路就会越来越好。（难道不是所有人都如此吗？只是实际上，能做到的人并不多。）如果你是一名自由职业的插画师，你接到一张订单，要画十张画，目前只画了一半，再过三天就要交稿了。这时候，你的朋友邀请你出去吃饭和唱歌。如果你无法确定在出去玩之后还能在deadline之前保质保量地完成工作，你最好的做法是拒绝朋友的邀请，安心在家完成工作。等你顺利完工，拿到客户的钱后，你再请朋友吃饭，开心庆祝。这样，你就做到了“推迟满足感、承担责任、尊重事实、保持平衡”。

自律对自由职业者来说是一把衡量标尺，它代表着你这个人靠不靠谱，影响着你的信誉。除了写书、做心理成长团体活动，我还会接一些杂志和书评的约稿。写书评的时候，我会先看完整本书，酝酿几天，然后再动笔写。因为我认真写作，按时交稿，所以越来越多的编辑找我写书评，让我帮着做一些图书的推广工作。也有其他的杂志和报纸刊登我的书评，给我稿费。有一次，我给某家公司写了一篇软文，结果这篇软文被某杂志征用了，我便多得了一笔稿费。按时交稿，按时交货，保质保量地完成工作，你的产品就代表了你的人格，它就是你的广告牌。

产品是一个人最佳的自我表达方式。用心生产好产品，别人会看到，收入自然会提高。如果一个自由撰稿人写得一般，又严重拖稿，这样几次之后，我不相信还会有人与他合作。每一次拖延和打破承诺都在降低别人对你的信任感，是对自己的严重伤害，会贬低你的自尊，让你变得更加羞愧。所以，自由职业者要珍惜自己的诚信指数，将自己像一个品牌一样用心经营。你就是自己的品牌，如果你能做到自律，品牌经营就成功了一半。

/ 三、钱很重要，但不要直接奔着钱去，要奔着喜欢去 /

文艺青年普遍有个毛病，就是耻于谈钱，一谈钱就语塞，一谈钱就别扭，浑身不舒服，一谈钱就觉得自己又俗又跌份儿。我之前就是这样的文艺青年，幸运的是，自由职业让我在这方面得到了成长。

以前，我很不好意思和编辑谈稿费的问题，也不好意思去催那些拖欠我稿费的编辑。如果有人找我做一些广告推广的活，我也不知道该如何去谈，内心无比纠结。在这件事情上，我的心理真是奇怪又复杂：有的时候，我刻意报很高的价钱，以便不能达成合作，这样我就不用去做这件事了。但是另一方面，作为一个从事自由职业的女屌丝，我又觉得做广告推广挣钱比我辛苦写稿子、写广告文案、写书评容易，失去这样的机会，我会有短暂的后悔。我想，这就是我这个文艺女青年矫情的毛病吧。

我会问自己，为什么害怕在工作中涉及报价、稿费的问题。经过觉察与自省，我发现，我的内心对钱有羞耻感，觉得钱不是好东西，它俗，它可耻，它是罪恶的代表。另一方面，在我内心深处，童年的物质匮乏让我不相信自己值得拥有金钱，让我觉得自己不配过有钱的生活。其实，钱只是钱，它是中性的，却被我们许多人赋予了很强的道德属性、社会属性和情感属性。当我克服了自己内心的问题，在涉及钱的时候，比如谈稿费、报价等问题时，我就轻松了许多，也相信自己写出来的东西值得卖个好价钱。

对每个人而言，金钱意味着的东西都各不相同，也许是自由，也许是束缚，也许是安全，也许是快乐，也许是爱……问问自己：钱对我来说意味着什么？这会让你看清楚自己与钱之间的关系。

有钱不是万能的，但必须承认，没钱是万万不能的。钱对任何人的生活来讲都是非常重要的，对自由职业者来讲，有钱才有生活，有钱才有自由。所以，清高的文艺青年们，无论是作家、翻译还是画家，请正视你们需要钱用以生活这一事实。

我对钱的态度的转变，还因为一件有趣的事情。某个编辑约我写一篇文章，这篇文章的观点要与另一个作家的一篇文章所表达的观点类似。编辑说，你可以借鉴下那篇文章，模仿着写一篇，稿费是30~50元/千字。我气得差点吐血，拒绝了合作。这样的外部刺激多多少少也促使我改变了对钱的态度。你还有什么不好意思谈稿费的，你要大声地、堂堂正正地谈稿费！很多出版社多年来一直采用50~80元/千字的低稿费标准，很多编辑也是按这样的稿费标准来约稿。一直以来，中国的出版业都没有健康规范的市场，版税多少难以透明，作家的版权得不到合理保护，很多作者无法准确知道自己作品的销量，稿费的支付也难以得到保障。如果连作者都不能站出来维护自己的权益，尊重自己，争取自己应得的利益，那出版业必将更加混乱，作者的权益将受到更严重的侵害。

虽然钱对自由职业者来说很重要，但不要太看重金钱，做事情不要直接奔着钱去，要奔着喜欢去。如果你直接奔着钱去，钱反而会远离你。只要你坚持做自己喜欢的事情，坚持做符合自己价值观的事情，钱就会慢慢地靠近你。

偶尔我会去接一些心理咨询热线，发现打电话来咨询的很多人都有个痛苦的矛盾点：是做自己喜欢的事情，还是做能挣钱的事情？举个例子。因为父母说学金融专业毕业后挣钱多，有个男生在填高考志愿的时候放弃了自己喜欢的法律专业。毕业后，他干着自己不喜欢的金融工作，虽然温饱不愁，但内心煎熬，生活得很不开心。于是，他想考研，想重新选择一个专业，但他又担心自己年纪大了，跨专业考研困难。如果选择金融专业，考研容易，毕业后也容易找工作，所以他还是选择了读金融专业的研究生。这个男生考研成功，读研的时候学习很痛苦，因为他还是不喜欢这个专业。毕业以后，虽然薪水翻了几倍，但生活越来越痛苦，想转行也不敢转，想出国读书又觉得自己年纪太大。在一次又一次的选择中，他都没有选择去做自己真正喜欢的事情，就算挣到了很多钱，生活也没有快乐可言。

我大专学的是会展策划和管理，自考本科学的是广告学，毕业以后做过广告创意和策划，还做过大半年的幼教中心的兼职老师，在网上写日记，写情感问答文章，接着出了两本书，然后辞职，成为专职作家，现在又去学心理咨询，以后做心理咨询师……看起来，我是不是很没有职业规划，思路很混乱？其实，我觉得我的思路很清晰，那就是：我一直在做我喜欢的事情。无论是做广告人还是当作家，或是做心理咨询师，都是我自己喜欢、我自己选择的事情。而且，在做这些事情的过程中，我还挣到了钱，活得不错。

我有位老师，她原来的工作是女子监狱的狱警，50多岁才开始学习心理学，成为心理咨询师，后来又学了催眠，成了催眠师。在她60多岁的时候，同龄人早都退休了，而她还能靠讲课、培训、做心理咨询挣钱，而且挣得不少。更重要的是，她的老年生活充实又幸福。她当初学习心理咨询并不是冲着钱去的，而是因为自己喜欢、感兴趣。

你喜欢的东西就是你的智慧所在、你的财富所在。只要你喜欢，你自然就能坚持；只要你喜欢，任何时候开始学都不晚；只要你喜欢，你就有能力去与别人竞争，在竞争中更容易获得成功，获得金钱的回报。与其说我坚持的方法是“跟自己竞争”，还不如说是“做我热爱的”。

在学习心理咨询时，我每次去上课都很准时，这是因为我比那些不准时来的人对心理咨询更感兴趣、更有热情。做你喜欢的事情，你就会坚持下来，金钱也会慢慢靠近你；做你不喜欢的事情，即便你拼命努力坚持，恐怕也长久不了。

我很喜欢世界著名建筑与工业设计师黑川雅之说的一段话："金钱、美女，你追得越紧，离你越远。只要你认真对待人生，她们就会随你而来。但是，你需要经常回过头看一看，不然，金钱、美女也不会跟过来。如果你没有表示出'我是很关心你的'，那么，等你回头的时候，你就会发现既没有金钱也没有美女……"当你一直在做自己喜欢的事情时，要回头看看金钱有没有跟上来；当你沉迷于挣钱时，也要回头看看，自己是否背离了初衷，背离了原先确定的道路，背离了自己的喜好。

/ 四、给自由职业者的几条SMALL TIPS /

并不是所有人都适合当自由职业者，就像不是所有人都爱吃臭豆腐一样。如果你想成为一名自由职业者，以下的一些TIPS也许会对你有用。

1. 避免熬夜，尽量做到早睡早起，保持规律的作息。

规律的作息是自由职业者的滋补大力丸，确保你能有积极的情绪、良好的精神面貌去应对第二天的工作与生活。规律的作息有利于让你的自由状态保持某种程度的秩序感，这会增强你内心的安全感。

2. 坚持一周至少做一次运动。

体育运动能让你的身体保持健康，也能帮你缓解压力，使你保持稳定的情绪，以便工作富有效率。身体健康，少看病吃药，也是用另一种方式在赚钱。

3. 合理消费，做到开源节流，学习理财知识。

自由职业者在初期难以有稳定的收入，因此更需要控制自己的消费，不要让自己背负高额的信用卡债务，要避免陷入财务危机。要做到合理消费，最基本的一条原则是你花的钱不要超过你挣来的钱。自由职业者要努力做到开源节流，多挣钱，多存钱，科学消费，为以后的创业、发展和老年生活做好经济上的准备。从事自由职业以后，我养成了记账的习惯，开始认真存钱，还学了一点理财知识，因此从未发生过财务危机。如果你会理财，那就更好，可以让自己的钱包更鼓一点。林夕的主业是填词人，但是在圈内，有人称他为“地产小王子”，他很有投资天分，据说他炒房、炒股票赚了很多钱。

4. 学会与人合作，温和待人，团结友爱。

人具有社会属性，无法脱离社会独自生活。就算是从事作家、画家这样可以靠自己单打独斗的职业，也要学会与人合作。比如，作家要学会和出版社的编辑沟通，和图书的营销人员合作，才能让一本书顺利出版和销售。画家举办画展，更需要与策展人、投资人、画廊负责人等通力合作。所以，温和待人、团结友爱有利于你的职业发展。

5. 成为自由职业者之前要做一些准备工作。

有工作的人想从事自由职业，无论是想成为摄影师还是翻译等，最好有一段准备时间，不要轻易辞职当自由职业者。我个人认为，顺其自然地成为自由职业者是最好的。何谓顺其自然地成为自由职业者呢？首先，你靠着之前的工作存下一笔积蓄，这笔积蓄至少能满足你半年的基本生活费用。其次，你在朝九晚五上班的过程中，已经利用空余时间从事自由职业了。

我认识一个化妆师，她原来在商场专柜卖化妆品。因为对化妆很感兴趣，且勤于练习化妆技巧，她在上班的时候就利用周末时间去给新娘化妆。后来，因为业务越来越多，她就辞去了工作。同样，我之前在广告公司上班的时候写书，出书之后才辞职成为自由撰稿人。以这样顺其自然的方式成为自由职业者在最初的时候会降低你的职业风险，使你的生活平稳顺畅，也让你更容易得到家人的支持。

6. 积极与人交往，多和朋友、家人在一起。

自由职业者大多是孤独的，这种孤独对创作本身来说，比如写作、翻译、画画、摄影等，都是有帮助的，但对个人的心灵健康并不太有利。积极与人交往，多和朋友、家人在一起，可以避免孤独侵蚀灵魂。有意义的情感链接也可以让一个人过得更幸福。无论你是刚开始从事自由职业，还是已经干了一段时间，你都需要朋友、家人的支持与帮助，尤其是当你遇到困难的时候，良好的社会支持系统对你来说非常重要。从事自由职业以后，我变得更加珍惜人与人之间的关系，喜欢交朋友，会花时间与家人和朋友们在一起，享受有他们陪伴的时光。

7. 爱自己，注意“留白效应”。

心理学中讲到“留白效应”，即人际互动中，适当地给对方留下一些空间，与对方保持适当的距离，会起到意想不到的效果。就像我们中国的水墨画一样，有大片大片的留白，给人想象的空间，意境美好深远。画不要画得太满，生活也是如此，人际关系要亲密，要和家人、朋友和谐相处，但也要给彼此空间，要学会独处。工作要自律努力，但也不要太忙碌，偶尔贪玩，偶尔和朋友放纵玩闹也很好。爱自己，过张弛有度的生活。

前几年，美国人搞了一份世界各国幸福指数的调查报告，结果显示：中国只有10%的人过得幸福，70%的人凑合，20%的人非常不幸福。当然，幸福指数最高的国家也不是美国，而是南亚小国不丹。这个国家关注的不是GDP，而是GNH（国民幸福总值）。据说这个国家环境非常优美，但游客不多，因为它每年对国外游客的人数有限制。他们对资源的开发和利用也有限制。妇女的地位也比较高，而且几乎人人都有信仰。

我走了不少地方，发现中国城市与城市之间的差别并不大，都是在到处挖路、盖房子，全中国的老百姓似乎都只在关心一件事情：我买得起房吗？我要不要买房？我想，如果我们的社会能更关注幸福，能发展得慢一点，人们能按照自己的节奏去生活，也许这个社会上感到幸福的人会更多一些。

罗素说过，参差多态乃幸福本源。希望有越来越多的人能按照自己的心意真实地生活，活出自己的姿态，也活出自己的幸福。

你渴望的声音，世界听得见

/ 一、当你真心渴望时 /

一直以来，我都对心理学很感兴趣，大学的时候曾想自考心理学专业，因为担心就业的问题，就选择了第二喜欢的专业——广告学。在大学和毕业后的这些年里，我陆陆续续地看了不少心理学方面的书。后来上豆瓣，出于兴趣和好玩，我开始写一些情感问答的文章，没想到越来越多的人来信咨询我各种问题——有关恋爱困惑、亲子关系、工作选择、生活态度等。这一写，就到了现在。我的《慢慢来，一切都来得及》也是一本心理励志类的书。

出于以上种种原因，我一直想认真地学一学心理学的知识，学习心理咨询师的相关课程。但是，因为始终心存疑虑，担心自己没有耐心，无法坚持，害怕自己不适合这个行业，也因为了解到学习心理咨询要花费不少时间和学费，有畏难情绪，所以我一直裹足不前。慢慢地，我对自己的认识加深了，自信心也增强了，还认识了几位心理咨询师，他们都觉得我很适合从事这个行业。得到了他们的鼓励，我才下决心去上心理咨询师的培训课。

一旦解决了“要不要做”这个问题，就进入了“怎么做”的阶段。都说做决定是最难的，一旦做了决定，后面的事情就容易多了。话虽如此，但“怎么做”其实并不容易。在我决定报考心理咨询师培训班后，经过比较，我选择了德瑞姆心理教育机构。我发现学费对我来说太贵了，已经从事半年自由职业的我负担不起。怎么办呢？我心想，可不可以让他们给我免学费，我帮他们做一些品牌推广工作呢？我觉得这是个good idea（好主意），但怎么和他们谈呢？

我想起心理咨询师小勇来，认识小勇的过程还挺有趣的。当时，我还在广告公司上班，在跟隔壁桌的一个漂亮女同事R小姐聊天时，我说到自己对心理学感兴趣。她说她有个表亲就是心理咨询师，我一听，马上请她帮我介绍一下。于是，我认识了在德瑞姆工作的小勇。

认识小勇差不多一年后，在他的推荐下，我怀着忐忑不安的心情，假装自信地将自己的想法与德瑞姆心理教育机构的负责人谈了谈。没想到很顺利，他们觉得我的想法很好，当即就表示很高兴与我合作。我领了教材，没几天就开始上课，一直以来的一个梦想就这样实现了。

再后来，我了解了有关心理学的团体活动，对其很感兴趣，既想参加又想学。恰好小勇有带团的丰富经验，又可以找到举行活动的场地，于是，我建了鹦鹉螺团体成长的小站。其实，这都不是什么了不起的事情，只是上个培训课、建个小站而已，但这些事情确确实实让我内心产生了很大触动，有许多想法冒出来。

如果我没有跟同事R小姐说我对心理学感兴趣，如果她没有介绍我认识小勇，如果我没有想到用品牌合作的方式交学费，我想，我学心理咨询的梦想不会这么快成真。

《牧羊少年奇幻之旅》一书中有句话是这样说的："当你真心渴望某件事情，全宇宙都会联合起来帮助你。"我对这句话的理解是：当你真心渴望某件事情的时候，你就会有一个明确的目标，这个目标会像灯塔发出光芒一样指引你去靠近它，而有目标、有梦想的你也会散发出一种光芒，会让周围的人愿意帮助你。为了做这件事情，你发现很多以前没有意识到的点点滴滴会串联起来，这种串联最终会帮助你实现梦想。也许这就是所谓"全宇宙都会联合起来帮助你"的含义吧。

我记得自己当年想去西藏旅行的时候也是如此。我想存钱去西藏，马上就有朋友给我推荐新工作，一跳槽，薪水涨了一倍；我想找一份兼职，马上就有朋友说他朋友开的幼教中心正在招老师；我去买睡袋，逛户外用品商店，刚好剩下一个打对折的好睡袋……

/ 二、好运的奇迹 /

乔布斯在斯坦福大学演讲的时候讲了一个故事，这是一个关于如何把生命中的点点滴滴串联起来的故事。他被一对蓝领夫妻领养，领养合同中有一项条款是要让孩子念大学。乔布斯长大了，考上了大学，而且选择了学费昂贵的里德学院。念了半年，他看不到读大学的价值，而且几乎花光了父母这一辈子的积蓄。他选择退学，退学的他终于可以不必去读那些令他提不起丝毫兴趣的课程，而去修了那些看起来有点意思的课程。他学了美术字课程，这门课程也许是里德学院在那时全美最好的美术字课程。他学到了san serif和serif字体，学会了怎样在不同的字母组合中改变空格的长度，以及怎样才能设计出最棒的印刷式样。

十年后，苹果公司设计出了一台Macintosh电脑，他把当时学到的那些东西全都设计到Mac机里，那是第一台使用了漂亮的印刷字体的电脑。你看，人生多奇妙啊！正是这些点点滴滴的故事串联起来，才使得梦想成真。

有过写作经验的人一定会对我以下讲的东西深有体会。你想写某个主题的文章，就会想起自己曾经在书本、电影和杂志上看过的有关这一主题的内容，在与朋友聊天的时候，也会发现他提供了可用的素材。甚至让人惊奇的是，你的朋友、家人或爱人刚好有一本有关这一主题的书，恰好被你看到。

斯科特·派克在《少有人走的路》里就讲了一个类似的故事。某一天，他到一个小城出差，因为想利用起两次约见之间的空当时间，就在同事的书房写作。写作之前，他还和同事的妻子聊了几分钟，说自己在写有关心智成熟方面的书。那天，他正在写有关责任感的篇章，写得很不顺。他想深入而详尽地叙述，又担心写得太冗长，他陷入了困境，苦苦思考了一个半小时。心情沮丧之际，同事的妻子走进书房，腼腆又真诚地送给他一本书，说道："我碰巧看到了这本书，不知道为什么，我想它可能对你有用。"

事实证明，那本书确实非常有用，因为书里的大部分内容都在讲述责任感，这使他的思路一下子就打开了。斯科特·派克把这些事情叫作"好运的奇迹"。英文单词serendipity（不期而遇的收获或者好运），原意是意外发现有价值的或令人喜爱的事情的天赋和才能。他说，从这个意义上说，有些人有才能，而有些人则欠缺才能；有些人是幸运的，有些人却不幸运。但他又强调，意外遇到有价值的或令人喜爱的事情，正是向世人展示"神奇的力量"。神奇的力量人人有份，只不过有的人能把握机会，有的人却让机会溜走。（这本书我看过好久了，书中的很多内容都忘记了。在写作的过程中，我忽然想起这个故事，这再一次说明我遇到了"神奇的力量"。）

只有当你真心渴望做某件事时，你才能把握住这神奇的力量。今天，你遇到好运的奇迹了吗？

岁月让你
遇见对的人

你 值 得 拥 有 最 好 的 一 切

[You deserve to have the best of everything]

你不要失望，荡气回肠是为了最美的平凡

/ 一、永恒的温柔 /

去年国庆期间，我去了普救寺，这座寺庙因是《西厢记》这个美丽动人的爱情故事的发生地而闻名遐迩。张生和崔莺莺这对男女挑战封建礼教，打破传统门第观念，冲破层层阻碍，最终有情人终成眷属，穷书生和相府千金从此过上了幸福的生活。爱情故事一般到此结束，人们不知道也不想知道他们婚后的生活如何，因为婚姻没有那么多缠绵浪漫和轰轰烈烈。

天后王菲和李亚鹏离婚后，那个老掉牙的议题——娱乐圈的夫妻更易离婚——再一次被不少人拿出来讨论。什么外界诱惑太多、生活方式混乱、利益纠葛太多、聚少离多导致关系冷淡等。其实，夫妻关系本来就是世界上最微妙、最难处的关系。夫妻是利益共同体，

一荣俱荣，一损俱损。从肉体和利益关系上看，他们是世界上距离最近的两个人，但若是不相爱的夫妻，便是咫尺天涯，成为世界上距离最远的两个人，貌合神离、同床异梦，这就是所谓的“至亲至疏夫妻”。我个人看来，无论是娱乐圈里的明星夫妻，还是生活中的普通夫妻，婚姻出问题都难逃“平淡”二字。

我发现，那些上了年纪、七八十岁、满头白发还能牵着手去散步的夫妻，他们身上都有一种超越了平淡的从容与温柔的气质。两个人一起择菜，一起看电视，甚至一起吃一碗素面，都可以让人感受到他们之间的爱。跟他们一起聊天，他们会给你一种很温暖、很柔软的能量，不疾不徐，仿佛时光在他们那里停止，没有外界的纷纷扰扰，只有两个人的似水流年、岁月静好，也许这种东西可以称为“永恒的温柔”。

有位做管理咨询的老师讲了他和妻子之间的一件小事情。某一次，他出差回来，飞机晚点，凌晨两点才到家。老婆在家煲好热汤等他，一见他就问了一句：“你肚子饿吗？”他早已饥肠辘辘，就“嗯”了一声。老婆马上给他盛了一碗汤，弄了一点中式点心。时值冬天，劳累了一天的他喝着热汤、吃着点心，心里很感动，就拉着妻子的手，动情地说：“老婆，谢谢你为我做的这一切。”他们夫妻俩都已经40多岁了，一向很少这样直接表达对彼此的感情。妻子听了他的话，眼睛湿润了，有点局促不安，就问：“你还要不要再吃点别的？”

这让我想起一部很喜欢的美国老电影，名字叫《温柔的怜悯》。影片中的男主角迈克是一个过气的乡村民谣歌手和作曲者，人到中年的他事业失败、离婚、酗酒，被剥夺了女儿的监护权，可以说他这个人一无是处，他的人生破碎不堪。影片一开始，他就在女主角罗莎的小汽车旅馆里喝得酩酊大醉，倒地不起。罗莎是个寡妇，丈夫在自己大肚子时死于越战，她独自带着十岁左右的儿子。面对穷困潦倒的迈克，罗莎建议他在旅馆里帮忙，她可以为他解决食宿问题。两个人就这样生活在一起，过了不久，两个人结婚了。

电影中有这样一段故事。丈夫写了一首自己很喜欢的新歌，给昔日的合作伙伴听，对方却觉得不怎么样。他因音乐才华被怀疑而深受打击，妻子安慰他，让他唱这首歌给自己听。他拿着吉他唱了几句，还是因为心情郁闷而开车离家出走。妻子没有去拉他，甚至没有问他要去哪里，只是倚门而望，看着他离开。暮色降临了，丈夫还没有回家，她还在耐心等待着，时不时地到路口张望，尽管她的内心惆怅不安又心烦意乱。到了深夜，她在床上做着祷告，准备睡觉时，丈夫终于回来了。

丈夫：我没有喝醉。我买了一瓶酒，全被我倒了。我没有喝醉。

妻子：你吃东西了吗?

丈夫：没有。

妻子：你饿吗?

丈夫：嗯。

妻子：我给你弄点吃的。

于是，妻子起床，到厨房给丈夫做吃的，两个人在小小的厨房里交谈。丈夫告诉她，他开着车从门前经过了六七次，看到妻子和孩子坐在沙发上看电视，他这一整天跑了很多地方，最后回来了。听完后，她告诉他，白天有个乐队里的男孩来过，给他们留下了演出的海报，她让男孩教她唱他写的歌，她想在他回家后给他一个惊喜。她觉得这是一首非常美妙的歌曲。那个男孩教会了她，还希望能让他们的乐队来唱这首歌。但她说不知道，要问问丈夫的想法。她一边淡淡地说着这些，一边做着饭，在桌上摆好餐具。丈夫重新拿起吉他，给她唱了这首歌，最后两个人拥抱在一起。

他们两个人说的话、做的事都是平平淡淡的，甚至听起来两个人的交谈都不在一个点上。我说我没有酗酒，你却问我吃过没；我说我今天瞎晃了一天，你却给我做着饭，告诉我你今天想给我惊喜。就是这样平平淡淡的话语与动作，却令我感动不已。

/ 二、两个人的地老天荒 /

我有个高中同学是周星驰的超级粉丝，周星驰的电影他都看过，《大话西游》看了N遍，许多部电影的台词他都能倒背如流。他最喜欢的台词不是“曾经，有一份真挚的爱情摆在我面前，我没有珍惜，等到我失去的时候才后悔莫及，人世间最痛苦的事莫过于此。如果上天可以再给我一个再来一次的机会，我会对那个女孩说三个字：我爱你。如果非要在这份爱上加一个期限的话，我希望是……一万年”，而是《大内密探零零发》中饰演妻子的刘嘉玲说的那句台词：“老公，你饿不饿？我去煮碗面给你吃。”据说这句台词最早来自TVB，被周星驰拿来用之后，跟“做人呢，最紧要就是开心”这句话一样成为最经典的TVB体，被广大网友用来吐槽和疗伤。

《大内密探零零发》讲的是平凡小夫妻的生活。饰演妻子的刘嘉玲和饰演丈夫的周星驰经常拌嘴吵架，但每次争吵后，妻子都会用很温柔的眼神和语气对丈夫说：“老公，你饿不饿？我去煮碗面给你吃。”这句话一出，不管丈夫之前有多少怒气，都能瞬间烟消云散，所有的不满、不甘、争吵、面红耳赤都化在一碗热气腾腾的面里了，两个人很快就能和好如初。食物在这里代表的是爱，是百转千回的温柔。

人活着就要吃饭，夫妻俩过日子总离不开一日三餐、柴米油盐，吃饭最能体现出两个人的关系。两个人是不是经常一起吃饭？是在家做饭吃还是在外面吃？吃饭的时候两个人聊天吗？都聊些什么？这些问题一问出来，就知道两个人的关系好不好。我相信，那些经常在家一边吃饭一边聊天的夫妻离婚率很低，而那些因关系冷淡而离婚的夫妻中，估计有不少人一年中坐在一起吃饭的次数屈指可数。

怎样才能超越婚姻生活的平淡？在做这些平平淡淡的事情时带一点温柔，带一点爱。所谓的真爱，不过是问一句爱的人“你饿不饿”，在对方肚子饿的时候给他（她）煮一碗面。很简单，一点也不浪漫，但也很难、很浪漫。

我们的内心要保持怎样的柔软才能一如既往地爱惜对方？
我们要心甘情愿地为对方煮多少碗面，才能换来地老天荒？
我们要努力坚持这最平淡的温柔多久，才能超越琐碎生活、岁月磨难？
“短暂的总是浪漫，漫长总会不满。烧完美好青春换一个老伴……你不要失望，荡气回肠是为了最美的平凡。”

离开，是为了更好地回来

/ 一、15年前我就决定和你在一起了 /

前段时间，我看了一部国产剧，叫作《赶走你的忧郁》，内容是有关抑郁症与心理咨询的，其中有一部分故事让我较有感触。张国立扮演的周文是一位40多岁的心理咨询师，同事转诊给他一个非常棘手的来访者——年轻漂亮的女孩莫小桑。她酗酒、严重抑郁、多次失恋、多次自杀，看过好几年心理医生，而且对医生有强烈的攻击欲望。周文在咨询过程中耐心倾听，努力与对方建立信任感，并进行了一些“自我暴露”，把自己内心的秘密——早年初恋女友意外死亡的事情——告诉了莫小桑，两人建立起良好的咨询关系。莫小桑的状况大大好转，同时对周文产生了移情，并明确表示爱上了他。周文也爱上了莫小桑，但他始终恪守医生的准则。

莫小桑开始骚扰周文的家庭，周文不堪其扰。他的妻子余可非疑心他出轨，内心深受伤害。眼看着局面即将失控，周文将莫小桑转诊。由人工授精而怀孕的莫小桑遭遇了一场车祸，导致流产，深受刺激的她被送进了疗养院。莫小桑从疗养院中溜出来找周文，再次表达爱意，并嘲笑他不能摆脱庸俗的日常生活。周文将大量的心力投入工作中，工作和精神上的压力、超负荷的工作令他感到心力交瘁，平淡冷漠的夫妻关系也渐渐令他感到厌倦。他的脑海中不断浮现出莫小桑的影子，耳边也不断回响着莫小桑的声音。

心理医生周文遭遇了一场严重的中年危机，患者、事业、家庭和自我都处在崩溃边缘。他接受了一次催眠疗法的心理督导。在被催眠的状态下，周文仿佛进入了一个梦境。他梦见自己已经辞去了工作，在家收拾好行李，然后与妻子大吵一架，他说自己挣扎了很久，要重新做选择。“我挣扎的是我全部的生命意义。我想趁自己还走得动的时候，把握自己的生命，为自己活一回。我对永远照顾别人感到厌倦，厌倦透顶了。”

妻子与他决裂，她说自己也可以重新选择，选择不再成为他的妻子。于是，他拖着行李箱离开了家，去疗养院见莫小桑，发现莫小桑爱上了新的年轻的心理医生，他没有嫉妒和沮丧，有的只是轻松和理解。他感觉自己像经历了一场外科手术，他把依附在莫小桑身上的幻觉剥离得干干净净，恢复了所有的冷静。他和自己的好朋友兼同事告别，没有想清楚自己要去哪里，没有想清楚是否还回来，也不清楚自己要干什么工作，只是想这样拖着行李箱上路。

梦境疗法结束后，他开着车回到家，看到坐在客厅里的妻子，他感觉自己经历了特别漫长的一天，好像离开家很久了，终于回来了。他久久地凝视着妻子，表达对妻子的想念之情。他说："今天我想跟你说一个特别重要的决定，我决定和你在一起。"妻子回答说："15年前你就决定和我在一起了。""是的，15年前我就决定和你在一起了，我今天想再跟你说一遍。"说完，他紧紧地抱住妻子，夫妻关系好转。

/ 二、暂时的停留，是为了走得更远 /

有个女性朋友的男友，高考填志愿的时候填的是心理学专业，结果没被录取，被调剂到一所大学念了四年机械专业，但他还是想学心理学专业。所以，当其他同学忙着找工作的时候，他忙着考研。由于是跨专业考研，再加上他报的学校非常好，所以第一年没考上。第二年，他继续备考，却在考前的一个月生病了，还是没考上。他认命了，觉得自己这么努力，是老天不让他考上研究生，于是开始在一家制造业企业上班。其间，他交了女朋友。

他的女友是某世界500强外企的人事专员，工作体面，薪水不错，但她感觉自己重复性的工作十分乏味，想探索自己更多的职业潜能，就去上了有关职业培训的课程。她找到了自己喜欢的心理学专业，继而开始在培训机构上心理学的课程，不久就扛着压力、在周围人的不理解中辞去了外企的工作。上完心理学的培训课程，她开始在一家心理学教育培训机构工作。女友的事情对他触动很大，他下定决心考心理学专业的研究生，于是辞职考研。两三年过去了，一切似乎又回到了大四考研的那个原点，但这一次是不一样的原点。不久，他考上了某大学的心理学研究生，开心地期待新学年的到来。

我有个朋友的朋友，30岁出头的女性，是一家大中型公司的财务经理，年薪30多万，有房有车，人人对她羡慕不已。但她干得并不开心，对现状非常不满意，觉得自己应该有更高的职位、更丰厚的薪水、更好的发展。后来，她花了五六十万，去国外念了一年书。在这一年里，她学习、旅行，过得充实快乐。回国之后，她又回到了原来的公司，做着原来的工作，拿着差不多的薪水，但她觉得心满意足。朋友嘲笑她说："折腾了一年，浪费了这么多时间、这么多钱，又回到了原点。"她却笑着说："不一样，一点都没有浪费。我喜欢现在的工作，对薪水也满意，更重要的是，我对现在的生活满意。"

以上故事中的主人公，好像最后又回到了原点。也许在很多人看来，他们兜兜转转一圈，一切似乎都没有改变或者改变不大，但我的理解是：他们回到的是不一样的原点，他们的改变很彻底。不是换了伴侣、换了专业、换了工作才叫改变，我以为，真正的改变是从心开始的，你用不同的心态、不同的视角看待自己的生活，就会有不同的感受。不管是面对伴侣还是一份工作，甚至是一种生活方式，时间久了，你都会因为过分熟悉而对其产生审美疲劳，心生厌倦，甚至厌恶，古人所说的“入芝兰之室，久而不闻其香”就是这个意思。有的人甚至会觉得自己的生活毫无意义，自己当初不是选择错误就是没得选择，往往会有“这不是我要的生活”的错觉，开始质疑并否定自己所有的过往。

这时候，一部分人会重新选择，他们忙着道别，忙着分手，忙着换工作、换房子、换伴侣，以为换掉这些，一切就会好起来。一部分人想着逃走，彻底地抛开这些，逃得远远的。一旦逃走，他们又发现了它的好处，生出无限的后悔和留恋。还有一部分人选择按下生活的暂停键，做一场白日梦，开始一次旅行，给自己一次机会重新看清自己真正在乎的东西。他们清楚地看到，一切都是自己当初的选择，都是自己想要的生活，如果重新来过，自己还是会做出和当初一样的选择。

“我离开你一阵，是为了爱你更久一点。”“暂时的停留，是为了走得更远。”很多时候，我们需要的不是永远逃走，而是暂时逃离。生活并不需要时时在别处，只需要偶尔在别处。只需明白，我们此刻拥有的，都是我们将永恒失去的，我们不能拥有一切，因为每一个“是”的背面都有一个“否”，有选择就有舍弃。尽管如此，我们依然拥有选择与舍弃的自由。我们每一天都有选择，也都在自由地做出选择。

这可能不是最好的，但在当时，这就是最好的

/ 一、不是每个男人都是来自星星的都教授 /

无论是职业发展，还是谈婚论嫁，选择一事总是不易与令人纠结，尤其是当一个女人在两个男人之间做选择时，更是煎熬与痛苦。我常常收到类似以下内容的邮件：

“一个长我几岁，家庭条件优越，成熟体贴，但比较理性与自我，感觉不是那么爱我；一个与我同龄，经济条件一般，人也不够成熟，不懂如何处理感情问题，但感觉对我非常真诚，全心全意爱我。我该选择哪一个？”

“一个是刻骨铭心的初恋，分开几年后又来找我；一个是谈了一年多恋爱、感情稳定的现任男友。我该选择哪一个？”

“一个是灵魂伴侣，认知一致，无话不谈，彼此能很好地回应与理解；一个是生活和性爱伴侣，生活与性都和谐，但就是讲话常常讲不到一块儿，常常彼此不理解。我该选择哪一个？”

“一个是土豪，对我也大方，但长相有点对不起观众；一个是多才多艺的文艺青年，又长得帅，但赚钱能力不足。我该选择哪一个？”

……

不知道那些单身的渴望有男友的女性看到这样的烦恼会不会有一丝气愤：我一个都没有，你居然有两个！她们虽然有选择，但也有痛苦，择偶的时候容易陷入“布利丹毛驴效应”。

法国经院哲学家布利丹曾讲过一个寓言。他养了一头毛驴，每天向附近的农民买一堆草料来喂毛驴。有一天，送草的农民出于对哲学家的景仰，多送了一堆草料。这下子，毛驴的幸福生活结束了。它站在两堆数量、质量完全相同的草料中间，为难纠结。它左看看，右瞅瞅，一会儿考虑数量，一会儿比对质量，一会儿分析颜色，一会儿PK新鲜度，却始终不知道该吃哪堆草才好。这头可怜的毛驴就这样站在原地，犹犹豫豫，来来回回，在无所适从中活活饿死了。后来，人们将做决策时犹豫不定、迟疑不决的现象称为“布利丹毛驴效应”。

有些人虽然享有充分的选择自由，但始终无法做出选择，以至于最后什么都没有得到。有位女网友在择偶时就陷入了这样的境地，她给我来信说，自己始终无法在两个男人之间做出选择，纠结拖延了一年多，最后两个男人都离她而去。

为什么毛驴难以做出选择呢？因为它想做出一个完美的选择，想吃一堆无论是数量、质量，还是颜色、新鲜度都获得更高分的草料。很多女人在择偶时也是如此。给她面包的嫌不能给爱情，给她爱情的嫌挣钱少，挣钱多的嫌长得丑，长得帅的嫌靠不住，靠得住的嫌不懂浪漫，懂浪漫的又担心他对别人也浪漫……如此循环下去，地球上没有一个男人能使她称心如意，也许只能找外星人谈恋爱，渴望有一个“来自星星的你”。

毛驴难以做选择的另一个重要原因是无法做到放弃。它如果选择A堆干草，就必须放弃B堆干草。有所得必有所失，每一个“是”的背面都有一个“否”，这是选择的本质。在经济学里，为了得到而失去的东西叫“机会成本”。任何选择行为都有机会成本。如果你太看重机会成本，什么都舍不得放弃，什么都不肯失去，那你最后就只能像毛驴一样，哪堆干草都没吃，饿死了。当然，失去是痛苦的，但饿死似乎更惨。

从另一个角度分析，布利丹的毛驴之所以饿死，是因为它并不清楚自己真正想要的是什么。如果它清楚自己想要的是什么，即便有很多堆干草摆在它面前，它也能果断地选择自己想要的那堆干草，而不受其他干草堆的影响。

/ 二、越了解自己想要什么，越容易心想事成 /

在电影《迷失东京》中，年轻美丽的大学毕业生夏洛特遇见了正遭遇中年危机的过气好莱坞影星鲍勃·哈里斯。两个迷失又孤独的人在失眠的深夜聊天，有段对话堪称经典：

夏洛特：我很困扰，会好起来吗？
鲍勃：会，会好起来的。
夏洛特：是吗？像你一样。
鲍勃：谢谢。你越了解自己和了解自己要什么，就越不会被困扰。（或者译成：你越是了解自己的个性和需要，就越不容易被外界所响。）

般来讲，我们的痛苦在于不认识自己，不清楚自己想要什么。一个人一旦真正了解自己想要什么，并清楚如何做才能得到自己想要的，他的烦恼就会少很多，他就会过得更加幸福快乐。在婚恋方面也是如此，我们的很多困扰都来自对自己的不了解。我们不清楚自己想要怎样的爱人，也不知道如何才能得到自己想要的。所以，在做选择时，我们便会陷入像毛驴一样的困境。

有个朋友跟我讲自己的择偶经历，她说自己在27岁时就很清楚想要怎样的男朋友：性格温和、为人宽容、工作稳定，而且要有一点生活情趣。后来，她遇到现在的老公，发现他正好满足自己的需求，就是自己想要的人。她说："很多女孩之所以没有对象，是因为她们不清楚自己想要什么，问她们：'你喜欢什么样的男生啊？'她们通常难以给出具体的答案，不是说随缘，就是说看得顺眼。"对此，我也深有体会，我身边有不少单身女性，我问她们："你喜欢什么样的男人啊？"她们通常只能给出模棱两可的答案。我相信，在择偶上，越了解自己和越清楚自己想要什么的人，就越容易心想事成。

一个做婚恋介绍的朋友也向我表达了类似的看法，她帮助适龄男女相亲。她说，一个人如果知道自己想要的是怎样的人，遇到喜欢之人的概率就比较高，因为相亲之前她就可以帮他（她）过滤许多不合适的人。当然，我们得出这个结论的前提是你的答案不是"我想要完美的男人"。只有放弃对理想和完美伴侣的过度渴求与追寻，女性在择偶时才能认清自己与现实，看见那个适合自己的爱人。

英国某约会网站做过一次"寻找真爱"的调查，访问了2000人，结果发现：一位女性平均要谈过7次恋爱、亲吻过15人、发生过4次一夜情、失恋过2次，才能找到真爱。而男性则更漫长一些，要谈过9次恋爱、亲吻过16人、发生过6次一夜情、心碎2次，才能找到真爱。虽然英国与中国的国情不同，但这至少能告诉那些在一段感情中受伤、失恋的人，这些经历都很正常。无论男人还是女人，想找到真爱，都要失恋两次。所以，哪有吃烧饼不掉芝麻、寻找真爱不受点伤的。同时，这也说明了爱情需要实际的练习和学习。就像学习开车和游泳一样，你一定要亲自上阵。另外，早一点进行恋爱练习，积累经验值，才能搞清楚自己到底喜欢什么样的人，适合和什么样的人一起生活。

张爱玲曾说："娶了红玫瑰，久而久之，红的变了墙上的一抹蚊子血，白的还是'床前明月光'；娶了白玫瑰，白的便是衣服上沾的一粒饭粘子，红的却是心口上一颗朱砂痣。"做出选择后，日子久了，我们就不易珍惜当初的选择，心里总是想着未选的那个。那件未买回家的大衣、那个未选择的人、那条未走的路常常让我们念念不忘。

这似乎就是人性。比如，有的女生在生活伴侣和灵魂伴侣之间做选择时，选了生活伴侣，婚后陷入自我怀疑中，心想，要是我当初选择灵魂伴侣就好了，我会过得更快乐。真会如此吗？不知道。假如毛驴下定决心吃A堆干草，吃完后心想，"要是我当初选择吃B堆干草就好了，它会更好吃，我会吃得更爽"，它这样想有什么好处呢？于己无益，只会给自己添堵。

当我们做出选择后，除了要对自己的选择负责，还要用心经营，珍惜拥有的。如果受到"要是我当初……"的困扰，就需要谨记决策学上的一句名言：这可能不是最好的，但在当时，这就是最好的。（This is not the best, but this is the best available.）世上没有完美的男人，也没有所谓的完美选择，你要相信：你所做的选择就是那时那刻你想要的最好的选择。

肯定言辞的力量

/ 一、别让抱怨吓跑了他 /

参加女友们的聚会时，我问大家一个问题：什么样的男人才有男人样？

有的说，事业有成、意气风发的男人最有男人样。她的老板因为将企业经营得风生水起，上过杂志封面。看着封面上那个斗志昂扬、自信非凡的男人，她觉得那样的男人最有男人样。

有的说，多才多艺、什么都懂、好像一切都难不倒他的男人最有男人样。她说："我老公不仅在工作上很能干，厨艺也很棒，还会帮我修电脑，洗衣机坏了也能修，学开车也学得很快。我觉得他就是我崇拜的偶像，能被女人崇拜的男人最有男人样！"

有的说，在女人感到脆弱、需要帮助的关键时刻，能挺身而出的男人最有男人样。她说："有句话不是说，男人对女人的伤害，不一定是他爱上了别人，而是他在她有所期待的时候让她失望，在她脆弱的时候没有扶她一把，在她成功的时候竟然妒忌她。如果一个男人在我生病卧床、怀孕生子、遇到职场危机、被人欺负或者有其他特别需要的时候能陪在我身边，我就会觉得他很man。不怕你们笑话，我现在快30岁了，看到英雄救美的电影情节时还是会被感动。男人在关键时刻一声吼，该出手时就出手，是最man的。"

还有的说，对妻子和孩子温柔体贴，承担起丈夫和父亲的责任的男人很有男人样。为了证明自己的观点，她还举了个例子。"知道为什么《爸爸去哪儿》这么火吗？一个五大三粗的男人能温柔耐心地对待孩子，会为孩子做饭，会学动画片里的角色逗孩子开心，这样的男人是最有吸引力、最有魅力的！"

……

各种回答妙趣横生。每个女人对男人的需要都是不一样的，所以答案因人而异。其实，每个男人都有属于自己的男人样。现实生活中，为什么有些男人在应该挺身而出的时候却躲在了后面？也许是因为不自信，也许是因为家庭、社会的种种压力让他们在关键时刻有所犹豫，也许是因为他们之前表现出男人样的时候没有得到肯定和认可。

研究婚姻与家庭问题的美国心理学家约翰·戈特曼博士用《启示录》里的“末日四骑士”来形容破坏亲密关系的四种谈话类型，分别是：批评、鄙视、辩护和冷战。

他说，抱怨和批评是不同的，抱怨只涉及配偶做错的具体事情，批评则更全面，它包括对配偶的性格或个性的一些负面评价。我举个例子。“说好六点开车来接我，结果你迟到了，我都等得不耐烦了”，这是抱怨。“你做什么事情都没有计划性，也不会考虑别人，你这个人就是靠不住”，这就是批评。想象一下，假如一位男士被你这样批评后，他会怎样？他会生气，会感到自尊心受伤。他会想：“反正你说我靠不住，那我就靠不住好了”，也许以后他会更不愿意开车去接你。

鄙视、辩护和冷战则会比批评更加毒害亲密关系。有个朋友跟我讲过他父母之间发生的一件事。这位丈夫的单位正在竞选车间主任，他是三位候选人之一。竞选结果出来了，他没选上，回家跟妻子讲，没想到妻子说：“我早就知道会是这个结果，像你这样没用的人，再给你十年，你也当不上车间主任。”妻子鄙视的话语让丈夫的心情更加郁闷，他和妻子大吵了一架。竞选失败加上夫妻争吵，他受了很大打击，这使他消沉了一段时间。后来，这位丈夫在事业上失去了进取心，变得像妻子所说的那样“没用”。

这样的事例在中国的家庭中并不新鲜，可以说是非常普遍的。妻子不知道欣赏和赞美自己的丈夫，而往往采用批评、鄙视等方式，经常唠叨丈夫做得不好的地方，以为通过这样负面的方式就能让丈夫变得更强大。殊不知很多男人就是在妻子的批评和鄙视下变得越来越窝囊，越来越没有男人样。所以，想要男人展现更多的男人样，批评、鄙视、辩护和冷战这样的话语要尽量不说或者少说。女人应该更多地去欣赏男人，去鼓励和肯定男人，用语言表达你对他的爱、欣赏和感激。

/ 二、好男人都是自产自销的 /

中国人普遍有一个弱点，就是难以用语言去表达爱意，无法直接表达出自己对他人的肯定和赞美。无论是在亲子关系中，还是在亲密关系中，我们都很难开口跟对方说“我爱你”。“爱你在心口难开”跟中国的传统文化有关，我们的传统强调情感表达要含蓄、要克制。阻碍我们去赞美对方的另一个原因是很多人持有“赞美会让人骄傲，骄傲使人落后”这一观念。其实不然。还有一个原因也会阻碍人们去表达爱意：大多数中国人认为，爱一个人，说是没用的，要用行动去证明。实际上，很多时候，我们光用行动去表达，对方很可能无法感受到我们的爱，还是需要用语言去表达。语言表达很重要，就像《大话西游》里唐僧念叨的：你不说，我怎么知道你想要呢？

那要说些什么，怎么说呢？

美国的盖瑞·查普曼博士写了一本书，叫作《爱的五种语言》，其中一种爱的语言是Words of Affirmation，意思就是肯定的言辞。肯定的言辞包含对伴侣的欣赏、赞美和感激。它拥有惊人的力量，会让你和伴侣的关系更加亲密，伴侣的优秀表现也会越来越多。

“爱情博士”黄维仁曾在自己的书中讲了一个他自己的故事，非常好地说明了肯定的言辞在亲密关系中的作用。

“她（妻子）喜欢我铺床。但是我在我的原生家庭中是不太铺床的。因为我想：我晚上就要睡觉了，铺床干什么？但是淑烟喜欢家里整齐，她起床以后就喜欢铺床。后来，因为她对我很好，有一天，我突然良心发现，就帮她稍微铺了一下。她很聪明，虽然我铺得并不是很好，但她没有批评我，反而称赞我，鼓励我。回家的时候就有很好吃的菜。她好像在用心理学的增强原则，训练我发展出一个铺床的习惯。到现在，我天天铺床，铺到一个地步，不铺我就不舒服。我天天铺床，甚至到外面住旅馆的时候，早晨起来还不小心顺手一铺，帮人家把床铺好了。”

我男友最害怕的事情就是：不管他为我付出了多少，我都没有看到他的付出。不管他怎么做，我都觉得他不够好，或者对他有很多抱怨和挑剔。他说，这会让他感觉很糟糕。于是，我常常赞美和鼓励他，也经常对他表达我的爱和感激。

“你穿这件衬衫看起来很帅！”

“你今天做的晚饭，味道真好！”

“你在我感冒的时候照顾我，我感觉很温暖。亲爱的，谢谢你。”

……

这样做最终受益的人还是我。他会开始注重自己的外表，他更愿意做饭了，我感冒时他会更加体贴和照顾我。当然，我并非建议你用口头赞美来让你的伴侣替你做事，而是建议你用肯定的话语让你的伴侣变得更自信，使你们的关系变得更和谐。

我和男友每过一两个月就有一次“赞美时刻”。两个人面对面、手拉着手坐着，真心实意地赞美对方两分钟，感谢对方过去对自己的付出，比如感谢那天下雨对方到地铁站来接自己回家。刚开始这么做可能会有些不好意思，慢慢地就会感觉自然了，而且我们能感受到那份爱意在彼此之间流动，彼此的关系变得更加亲密了。

其实，每个男人的内心都有敏感和脆弱的一面，他们在内心深处很希望得到周围人的认可和鼓励。他们心中都有英雄梦，渴望从内心到外表都能hold住属于自己的主场。男人希望女人看到他们的努力，你的欣赏、赞美和感激会让他们变得更好、更努力。所以，不要吝惜你的欣赏和赞美，去表达你对他的感激，表达你对他的认可，也让全世界为你们的爱情祝福吧！

当我们既不凑合，也不渴求被拯救时，幸福便降临了

有一天，我因为在外面和一个女友谈事情，直到晚上才回家，所以没像平时一样在家做晚饭。男友下班回家后，在楼下吃了一碗七块钱的小馄饨，而我和朋友喝了一下午茶。晚上11点半，我们两个人躺在床上，感觉无比惆怅，因为我们实在太饿了。我们在床上翻来覆去，难以入眠，越睡越觉得四肢发冷。你转过来对我说一句："我好饿啊！"我转过去对你说一句："我饿得睡不着啊！"12月底的寂静冬夜里，只听见两个人的肚子饿得轮流发出咕咕的响声。两个人在是就此睡去还是起来弄东西吃之间徘徊犹豫，那时那刻，这是一道痛苦的选择题，选择难度不亚于《哈姆雷特》中的"生存还是毁灭，这是个问题"。

两个人开始在大脑中做决策分析，想要用科学的方法做出一个最明智的选择，甚至想画一张SWOT分析表，将优势、劣势、机会和威

胁全写下来。无奈太懒，只弄出一张好处坏处对比表。

就此睡去：好处是省事、不麻烦、不花时间和精力；坏处是得忍受饥饿，而且我们不确定自己短时间内能否睡着，是否会饿得失眠，影响第二天的工作与生活。起来弄东西吃：好处是不必忍受饥饿；坏处是太麻烦了，要起床穿衣服，要花时间花精力，而且外面很冷，我们不确定怎样才能搞到食物，是出去买，还是利用现有的食材做。

对比一番后，我们还是无法做出决策。关键时刻，我隐约记得家里还有一包绿豆粉丝，于是两个人决定雄起，掀掉被窝，穿上衣服，做粉丝汤喝。深夜的厨房，一对穿着睡衣的男女，打开冰箱，放下菜板，一个点火煎鸡蛋，一个烧水、洗菜切菜……

15分钟后，这对吃货男女（差点写成狗男女）一人端着一碗热气腾腾的粉丝汤坐在餐桌前。这粉丝汤里不仅有滑韧的粉丝，还有韭菜、卷心菜和香菜，上面盖着一个煎得金黄的荷包蛋，香气四溢，汤汁浓郁。两个人边吃边感叹道："啊，太幸福啦！"吃饱后，两个人幸福地上床了。

第二天晚餐时分，两个吃货一边吃着萝卜牛腩，一边表达了这一天的主要心情。有趣的是，两个人都觉得深夜煮东西吃这件事所带来的幸福感仍充盈在心间。我不禁思考：到底是什么带来了幸福感？

我想起以前我写过一篇文章，叫作《慢慢的，你就有了幸福的能力》，说到电影《飞屋环游记》里的台词："幸福，不是长生不老，不是大鱼大肉，不是权倾朝野。幸福是每一个微小的生活愿望达成。"文章中讲到我在冬夜因为寒冷而失眠的事情。以前的我会蜷缩着对付一夜，但是现在，我会起床穿衣，用电水壶烧水，用微波炉热一杯牛奶，然后一边舒舒服服地用热水泡脚，一边喝着热牛奶，最后全身温暖地安睡。

很小的时候，我就对文字和阅读表现出了一种饥渴感，连用来裹带鱼的破报纸都会被我一字不落地读完。从小我就希望父母能给我买很多课外书，但因为家在农村，父母也只有初中文化，完全靠体力劳动维持一家人的生计，能供我上学已属不易了，哪里有钱和心思给我买课外书。所以，从小到大我都是借书看，梦想自己有一天能有很多大书架，上面摆满了我喜欢的书。

参加工作以后，我就开始买一些书送给自己，满足自己内心的愿望。有意思的是，当这个愿望被真正满足后，我反而放下了对书籍的执着与占有欲，变得很少买书，而是喜欢去图书馆借书。现在，有不少出版社会送我书，有时我甚至会拒绝，因为有的书我没时间和热情看，放家里不仅浪费，还占地方。如果是在几年前，我还有那种对书籍的饥渴感，恐怕不管什么书，只要别人愿意送我，我都会要的。其实，这世间的事情大抵如此，你之所以渴望，只是因为你匮乏，当你不再匮乏，当你被真正满足时，你就放下了那份执念与渴望。

20岁出头的时候，我有许多幻想，其中一个幻想就是我希望自己有个有钱、有品位的男朋友（王子）。他很爱我，且爱得毫无理由又难以自拔。他会送我好看的衣服，将不美的我打扮得优雅美丽，将我从丑小鸭的自卑中拯救出来。那时候，我挺爱打扮，喜欢穿漂亮衣服。后来，我就不爱打扮了，因为我觉得那种廉价的穿着打扮让我很不舒服、很尴尬，也很自卑。时间一久，我就变成了那种不注重穿着、不舍得将钱花在穿衣打扮上的女人。但是，我一直都喜欢看女人穿漂亮衣服，长期以来，时装秀都是我喜欢的电视节目之一。看电影时，我总会关注女主角的穿着打扮。我也很容易被那种年纪很大但依然将自己打扮得很美的女人打动。

我有位女老师，50多岁了，脸上有不少皱纹，穿着打扮却精致优雅，化着淡妆，擦着口红，穿着合身的连衣裙，时髦又妩媚。每次看到她，我就会被她感染，被她身上那种热爱生活的活力所打动。现在，我早已放弃了等着王子来拯救我的这一幻想。每当我认真打扮自己、舍得为自己花钱买衣服、愿意花时间专心给自己涂指甲油的时候，我就有那种很爱自己、自己很棒的感觉。虽然别人看不出来，但我的主观感受就是：嗯，我好美啊！

一直以来，有不少人写信问我，人如何才能过得幸福？或者是问：幸福生活需要什么能力？我想，除了学会感恩，恐怕最重要的是你能凭借自己的努力去达成内心的每一个愿望，无论这个愿望的大小如何，哪怕是在深夜里给饥饿的自己下一碗面这样微小的心愿。当你不再选择凑合，也不再将愿望被满足的希望寄托在他人身上时；当你从被动等待他人的施与变成主动选择自己来满足自己、爱自己，完全依靠自己的行动去满足心中的愿望时，你就会生出幸福的感觉。而且这种幸福不是短暂的、转瞬即逝的，而是能长久持续下去的，因为它不是一种感觉，而是一种长在身体里的能力。

如果你渴望有人给你钱花，那你就要先学会自己挣钱给自己花；如果你渴望被人爱，那你就要先学会爱自己；如果你渴望别人给你幸福，那你就要先学会自己给自己幸福。迈向幸福的第一步永远是你自己的努力与行动。按照存在主义的说法，就是你必须完全承担起自己的全部责任，完全放弃有人可以拯救你的这一念头。当你通过自己的行动不断实现自己一个又一个的生活愿望时，你就会看到自己的力量与能力，生出一股自信来，看到“我”作为一个人的存在并不是软弱无力的，而是充满了能量与张力，这种力量让你能迸发出生活的热情与创意。

痴情人的伤心期限

/ 一、假如我离开你，你会难过多久 /

很早之前，我跟一位朋友聊天，谈到人们在一段恋情失败后，要伤心多久才能从失恋的痛苦中走出来。他给出了一个大家非常熟悉的答案：失恋的时间是你恋爱时间的一半。也就是说，假如你恋爱一年后失恋，那你就需要半年时间才能走出失恋的阴影。我忍不住感叹：这未免太长了吧！那些恋爱八年、十年后分手的人，难道要用四五年时间来品尝失恋的痛苦？如果真是这样，那他（她）对自己也太残忍了！

恰好我前段时间看了一期2013年的《非诚勿扰》，里面说到了失恋的问题。有个男嘉宾说自己失恋后两个小时就恢复了，很多女嘉宾听完之后就灭了他的灯。嘉宾主持人黄菡也觉得两个小时快了点，她讲了自己的一段经历：“20年前我谈恋爱的时候，问当时的男朋友：‘假如我离开你，你会难过多久？’我心里真的很希望他说‘不说我永远都记得你，最起码很久很久’。结果他想了一下，说：‘最起码得一个星期吧。’‘啊，我在你心里就这点分量啊？！’他觉得我很严肃，就说：‘我觉得得一个月吧。’”

在上心理咨询师培训课时，老师会讲一些失恋的案例。记得有一次，老师讲到一个案例：王某，因为跟女朋友分手，吃不下饭，睡不着觉，整天无精打采，终日躺在床上，连工作都没法好好干。他内心痛苦，觉得生活没有意思，甚至有想死的念头。老师在讲台上问：“王某正常吗？他有什么问题？”底下的学生众说纷纭，有回答“恶劣心境”的，有回答“抑郁”的，有回答“要做自杀的危机干预”的。老师说：“你们的回答都不对，要判断这是什么问题，先要看看他这样多久了，时间很重要。如果他昨天刚失恋，这样不是很正常吗？你们这些人到底有没有失恋过啊？”老师的话引得大家笑成一片。是啊，失恋的伤心人确实如此。

那失去的恋情、离开的爱人给我们带来了多么大的伤痛，难道不值得我们为此伤心难过几天吗？

那失恋后难过多久算正常呢？据说以前曾有新闻报道，上海有些企业为员工提供了失恋假期的新福利。如果你是他们的员工，失恋后可以享受五天的失恋假期。设立失恋假期的初衷是为了让员工更快乐。不知道这条新闻的真实性如何，至少从侧面可以看出，失恋后难过五天是正常的且被允许的。电影《失恋33天》中的女主角从失恋的痛楚中走出来，开始正常的生活花了33天，这也给了我们一个关于失恋后伤心期限的参考。

昨天，我也问了男友这个问题："如果我离开你，你会难过多久？"趁着他思考之际，我试探性地问："两个星期？"他马上回答："两个星期有点太没人性了！"我立刻明白，原来他是在思考如何给出一个漂亮的合乎"人性"标准的回答。我又问："两个月？"他点点头说："差不多，但也不是说两个月一到我就好了，这是个缓慢的过程，只是当时不会那么伤心，某一天想起来，还是会伤心的。"他反问我："那你会难过多久？"我开玩笑地说："我前脚跟你分开，后脚就找人恋爱去。"两个人就这个问题讨论了一番，得出的结论是：这个问题很复杂，每个人的伤心期限是不同的，同一个人，每次失恋的伤心期限也不同。这涉及很多因素：两个人的感情如何？是不是很投入这段恋情？这中间发生了什么？是不是初恋？是主动分手还是被动分手？

如果是一段很投入的初恋，而失恋者本身又是个感性的人，那他（她）失恋后伤心的时间就会久一点。我问过一些朋友，他们的回答大多是一到两年时间，也有三到四年的。有的时候，失恋后伤心时间的长短会与恋爱的次数成反比，多几次恋爱经验，失恋后就会更懂得调节情绪，痛苦的时间就会缩短。主动分手和被动分手的差异也会影响伤心期限。一般来说，被分手的人总是更痛苦一些，伤心的时间也会更久，因为他（她）会产生自尊心受伤、不甘、屈辱、自我怀疑和自我负面评价等难以平复的情绪。还有的人不是因为恋情本身出了问题而分手，而是因为父母的干涉、外界的环境等被迫分手，伤心的时间也会久一点。

/ 二、失恋不该有的样子 /

失恋的痊愈是一个缓慢的过程，大多数人会一天天慢慢好起来，有新的恋爱对象、新的朋友、新的生活。渐渐地，他们越来越少想起过去，即便想起过去那段恋情，也不再痛苦了。但是，对有些人来说，那段失败的恋情在心中萦绕成一个结，越来越紧，难以解开，失恋的痛苦变得尖锐而绵长。

我收到过很多这样的失恋伤心人写来的信。他们往往沉沦在失恋的痛苦中，在撕心裂肺的伤心里摸爬滚打，一日又一日地咀嚼着心中的悲伤。伤心的人一遍遍地删除对方的QQ号，又一遍遍地加上；每天多次拿起电话，按下对方的号码，却在拨通前挂断；不停地查看对方的微博、豆瓣、微信朋友圈，不放过对方的每一次更新，捕捉每一段文字背后的深意。他们听着一首接一首的苦情歌，觉得每一句歌词都是为自己而写；他们喝醉酒，哭闹着，对别人说着想跟对方讲的绵绵情话；他们在深夜里失眠，流着泪，哭得痛彻心肺，总是死死地抱住回忆不肯放手；他们拼命地工作，企图用工作填满思念的空当，去忘掉过往的一切；他们刻意地过好每一天，不停地让自己比原来更好、更强大，为的是让对方感到离开自己是个错误……

他们失恋早已超过33天了，也许是两三年或者更长的时间，但他们的痛苦依然强烈，一想到对方就心痛得无法呼吸，一提起往事依然会哭泣，似乎痛苦没有终点……

这样的故事听起来是不是很凄美？人们总是比较喜欢痴情之人。杨过守身如玉，等了小龙女16年，是多少恋爱中的痴男怨女的榜样。金岳霖痴恋林徽因一张照片多年，不知道有多少女人羡慕。相比于梁思成在林徽因死后与学生结婚，人们更喜欢写出“十年生死两茫茫，不思量，自难忘”的苏轼，他对亡妻永难忘怀的真挚情感和深沉的追忆格外令人感动。然而，感动的是我们这些看客，凄凉伤心的是苏轼本人。

我有个女友，她失恋的时候拉着我和其他几个女友出去大吃大喝、疯狂购物，然后又去唱歌。她点了一首又一首伤心的情歌，边唱边哭，我们一直在旁边安慰。没想到，她唱完后说：“其实我也没有这么伤心，只是失恋了总该有失恋的样子。只有失恋了，才有借口好好放纵自己一回啊！”原来，她的痴情与伤心只是一种伪装，是为了符合“失恋的样子”。

我曾问过男友："梁思成和林徽因有这么美好的姻缘，林徽因又是这么一位大美女、大才女，可是她一死，爱人就和别人结婚去了，梁思成是不是挺冷酷无情的？"他回答说："这冷酷无情要看对谁而言了，是对死人冷酷无情好一些，还是对自己冷酷无情好一些？"娱乐圈中的明星，要是今天刚失恋或离婚，明儿就找人恋爱或结婚，多半会被人说成"戏子无情"，似乎伤心时间久一点道德上才说得过去。那些失恋的人听说对方离开自己后很快就跟别人恋爱、结婚去了，心里总是很不舒服，觉得自己的感情被轻视了，自己没有受到足够的尊重，甚至有被对方欺骗、玩弄的感觉，于是更加痛苦，陷入苦情中。

他们的观念是：只有沉浸在失恋的痛苦中，自我感动并感动他人，才算是对恋情、对方和自己的尊重，才符合社会期待的"失恋的样子"，才算是情种一枚。其实，让自己执着于过去，在执着中痛苦着，在他人眼中活成一个痴情人的样子，岂不是对自己更大的惩罚和伤害？

写到这里，我忽然想起《金瓶梅》里的西门庆来。失去爱子的李瓶儿病重，文叙潘道士作法以后，测出瓶儿将死，对西门庆说："今晚，官人切忌不可往病人房里去，恐祸及汝身，慎之！慎之！""那西门庆独自一个坐在书房内，掌着一枝蜡烛，心中哀恸，口里只长吁气，寻思道：'法官教我休往房里去，我怎生忍得，宁可我死了也罢，须厮守着和他说句话儿。'"不久，李瓶儿就死了，李瓶儿死的时候，西门庆真的很伤心。一个大男人，又是一个大财主，做着官，却不顾一家老小，抱着李瓶儿的尸体大声哀号。有趣的是，哭完后，他就找人上床去了。但我一点都不怀疑西门庆对李瓶儿是真爱，他的真性情在这件事情上充分展现了出来。

失恋后伤心时间很长也许是对对方的一种尊重（对方需要这种尊重吗？），但绝对是对自己的一种残酷惩罚；失恋后伤心时间很短则是对自己的尊重和爱惜。你会选择哪一种？

理解别人是豁出性命的工作

/ 一、把快乐还给自己 /

上周的某一天，朋友委托我去上海民政局帮他咨询有关慈善基金会的事情。我拿着网上查到的地址，便去了。按照那栋办公大楼门前指示牌的指示，我找到了地方，结果发现没有人办公，问了一圈，才知道两三个月前他们已经搬走了。我从其他工作人员那里得到了他们新的办公地址和电话号码。打电话过去时，接电话的人非常不耐烦，不等我把话讲完就要挂电话。最后，他告诉我一个网址，我没听清楚，问了一句："您能再说一遍吗？"对方立刻生气了："你能不能到一个安静的地方打电话，我要说多少遍你才听得清楚？！"（当时外面正下着雨，我在麦当劳避雨。）虽然我最后得到了网址和一些相关信息，但我的心情很沮丧。

过了没多久，我接到男友的电话，他让我帮他去图书馆借一本书。于是，我打算坐地铁去图书馆。地铁到站后，我拿出钱包，发现忘带图书证了。书也不能借了，我只好带着更沮丧的心情回家。

经过家门前的超市，我买了一些蔬菜和一盒包装好的猪肉。做晚饭时，我打开猪肉的保鲜膜，闻到了一股臭味。我震惊不已，自己居然买了一盒发臭的肉……带着更糟的心情，我马马虎虎地做了一顿晚饭。

吃过晚饭，我想退掉这盒坏掉的肉，就让男友陪我一起去超市。我在心里跟自己说：如果超市不肯退，那就算了，千万不要为这件事生气，就算自己今天倒霉。到了超市，我一说完情况，超市的工作人员就立刻将钱退还给我，还满怀歉意。我很高兴，甚至很兴奋。男友无法理解我的感受，他的反应很平淡，因为他认定，遇到这种情况，超市肯定且必须退货，这是超市的责任。

这一天，我的情绪如坐过山车，起起伏伏，但这些情绪给了我一个很好的学习机会，让我更多地认识和了解自己。我心里觉得去民政局咨询慈善基金会的事情一定会很顺利，做慈善是一件多好的事情啊，接待我的人一定会很热情。所以，当事情不顺利、与我沟通的人很没耐心时，我心里就很失望，也很受伤。（实际情况是，对方一天要接几十个这样的电话，同样的话已经讲了好久了，工作乏味，压力巨大。）我预想自己一定可以去图书馆借书，当我发现自己没带图书证，无法完成这件事时，我就觉得很沮丧，很厌恶自己。当我预期自己买来的问题食品不能退，结果却轻松地退掉时，我就很高兴。

我这一天的内心感受很好地表明：一个人的情绪是他的认知与外部事件互动的结果。这让我看到了一个人对事件的预期和预先评价以及他持有的内在观点是如何影响他的情绪，进而影响他的行为的。

举个例子。假如你是一位女性，在超市排队结账，有个人在你身后推了你一下。通常情况下，你的第一反应是觉得自己受到了侵犯和伤害，很可能有不满和愤怒的情绪产生。你转身一看，原来是你的好朋友小玉。她跟你打招呼，笑着说："好巧啊，没想到在这里遇见你。"你之前的不满和愤怒便一扫而空，取而代之的是温馨和快乐的感觉。然后，或许两个人交谈甚欢，还一起约着喝咖啡。

很多时候，生活中的许多事情本身并不会对我们造成伤害或影响，而是我们对这件事的预先评价、观点、思维方式、认知在左右我们，使我们产生了不同的情绪体验。

/ 二、倾听就是爱，了解中有医治 /

我们的观点、视角、评价标准、价值观、认知、思考方式就是我们手里拿的地图，每个人的这份地图都不一样。我们拿着这份地图在现实生活中找地点，往往会找不到，形成错位。然后，这种错位就会进一步影响我们的情绪和接下来的行为。这一点在人际互动中体现得是最为明显的。

在我们的鹦鹉螺团体活动中，常常有这种现象。比如，A对B说了一段话，A心里觉得B一定能理解他，听了他的话，B一定会更喜欢他。结果，B表示不能理解，听了A说的话，心里也不舒服。A就会觉得心里难过，觉得自己被人误解。再比如，A讲了一件事，他觉得这件事对自己启发很大，热心分享出来，希望能帮到团体中的其他成员。结果，其他成员听了，表示对这件事无感，认为这是一件毫无意义的事情，甚至认为A在浪费大家的时间。A就会觉得自己的好心被践踏了，心里很委屈、很难过。以后，他可能就不愿意分享自己的事情，甚至不来参加团体活动了。

假设有个孩子脸上带着伤，一身脏兮兮地回家和妈妈说："我今天和王小宝在学校打架了。"有的妈妈可能会说："小朋友之间要团结友爱，怎么能打架呢？打架不是好孩子。"然后对孩子一顿教育和批评。有的妈妈可能会说："打得好，要让别人知道我们不是那么好欺负的。"然后给孩子做一顿好吃的，补充他的体力。还有的妈妈可能一下就生气了，对孩子一顿臭骂外加一顿打："我让你打架，我让你打架，我先打死你再说！"也许，这个孩子可能希望妈妈关心一下自己的伤情，认真听一听自己打架的原因。如果是这样，那以上这些妈妈的表现不仅令他失望，让他感觉自己不被理解，而且极有可能让他内心受到伤害。于是，这个孩子可能会躲到自己房间不出来，严重的还可能会离家出走。

再举个例子。假如我对你说"我今天看了100页书"，如果你看书比较慢，觉得看100页书很厉害，那你可能会说："哇，100页啊，我真的很佩服你！"如果你不喜欢看书，看书对你来说是件苦差事，那你可能会说："那你会不会觉得很累啊？"如果你是个书虫，阅读速度也很快，你可能会说："这书不好看吧，好看的书会一口气读完，不会只读100页的。"如果你根本不在意我讲的页数，而是对书的内容感兴趣，那你可能会说："书名是什么？"如果我心里是希望对方问我一句"你感觉怎么样"，那以上这些人的回答就都会让我失望，让我感觉自己不被人理解。

你看，同样一句话，每个人的反馈都不一样，因为我们每个人手里拿着的地图都是不同的。这样看来，人与人之间互相理解是非常困难的。就像日本著名心理治疗师河合隼雄说的那样：理解别人是豁出性命的工作。看到这一点，其实是非常有好处的。这可以让我们不必过分苛求他人对自己的理解，我们对别人就会宽容一点，对自己无法理解别人也能够接受，不会因为自己无法理解别人而过分自责。人与人之间互相不理解是必然的，互相理解是偶然的、相对的，也是要付出很多努力的。那是不是意味着我们都不要求理解与被理解呢？不是的，正因为理解不易，我们才更应该学习如何让他人更好地理解我们，以及如何更好地理解他人。我们虽然做不到完全相互理解，但可以做到无限地趋近于相互理解。

在表达的时候，我们要尽量清晰、准确地表达自己的意思，不要给人含混不清、充满歧义的感觉，这会给他人的理解造成障碍。对对方的回应，尽量不要带着预设的答案，减少预评价和预期。如果你问男（女）朋友“我这件衣服怎样”，想着对方一定要回答“真好看”，不是这样的回答你就不爽，甚至觉得对方不爱你，那你就不是在与对方沟通和交流，也不是真的在乎对方的想法、感受和建议。你只是为了满足自己的感觉，满足自己那种自我感觉良好的自恋幻觉。说到底，这是一种任性和以自我为中心的自私。

我们要学习尊重对方手中的地图。每个人的地图都不一样，所以，同样一件事情，人们的理解和反应跟你不一样是极为正常的。不要要求对方一定要和你相同，更不要强行改变对方手中的地图。在沟通中，要学会求同存异。尊重对方手中的地图，是和谐沟通的基本前提。

我们还要学习发自内心地倾听对方讲话，并且是不带评价地倾听。对方在表达的时候，我们不要急于给出自己的评价，不要打断和压制对方，而要给对方表达的时间和机会，多收集一点信息，更多地了解对方的感受，然后学会换位思考，如此才是真正地倾听对方。

我很喜欢心理学家黄维仁博士说的那句话：倾听就是爱，了解中有医治。借这句话，与君共勉。

独处、爱和无用的事

/ 一、一个人的时候，和自己握手言欢 /

上周上心理咨询技术培训课，在课堂上，老师讲了很多技术问题，我都认真听着。真正让我下课回家后还在想的东西与心理咨询技术无关，而是老师讲的一段题外话，内容是关于心理咨询师如何提高自己的抗压能力，如何减压。在说出老师的答案之前，我先简单解释一下为什么心理咨询师会压力大。

心理咨询本身就是压力很大的工作，因为来访者（来做咨询的人）跟心理咨询师说的都是比较灰暗、悲哀、不幸的事情，这些事情带有很多负能量。要想咨询有效果，心理咨询师就不能隔离这种负能量，而要跟来访者站在一起，把自己当成一个“容器”，去真实地感受和承载来访者的情绪和感受，这势必会影响心理咨询师本身。

同时，咨询师不是神，是人，他们自己在生活中也会遇到一些压力和问题。所以，咨询师面对的是双重压力，处理不好，就会影响自己的身心健康。

有的心理咨询师越帮别人做心理咨询，自己的状态就越不好。前几年有个调查数据，调查的是从事哪个行业的人寿命最短。结果，排在第一位的是心理咨询师，排在第二位的是警察（不知道这个调查数据是否真实可信）。可见，心理咨询师是压力很大的一群人。因此，心理咨询师要有较强的抗压能力，心理要较有弹性。这也是心理咨询师的自我人格要不断完善和成长的原因。

上课时，老师说心理咨询师提升自己的心理弹性和抗压能力要经常做三件事：独处、爱以及做一些无用的事情。我觉得老师的总结非常精妙和有趣，窃以为不单单是心理咨询师，其他人如果能经常做这三件事，生活也会快乐很多。

独处是让自己和自己相处，留出时间和空间面对自己。我一直认为孤独是人生的重要伴侣。如果一个人能学会怡然自得地独处，独处时容易让自己快乐，那他在和别人相处时，也较容易理解和尊重他人，会有更多的积极愉悦的人际交往体验。我在《孤独要趁好时光》一文里说道："独处，让我真正明白了一个人生活是怎样的状态；也让我看清自己的需要，理解自己的种种矛盾之处；它同时提供了一个直视自己，和自己对话、碰撞、握手言欢的机会。"这段话强调了独处对一个人了解自我、认识自我的重要性。

/ 二、反正有人爱我，疯狂勇敢地活 /

如果说独处是与自己相处，那么除了爱自己之外，显然是需要另一个对象的。我想先谈一下爱是什么。

《泰坦尼克号》中的爱是“You jump，I jump”。《恋爱的犀牛》中说爱是这样的：“你是我温暖的手套，冰冷的啤酒，带着阳光味道的衬衫，日复一日的梦想。”塞林格的《破碎故事之心》里则写道：“有人认为爱是性，是婚姻，是清晨六点的吻，是一堆孩子，也许真是这样的，莱斯特小姐。但你知道我怎么想吗？我觉得爱是想触碰又收回手。”

我们在各种各样的文艺作品中看到人们对爱的描述与表达，关于爱，人们有成百上千种感觉，但爱究竟是什么，没有人给出具体答案，爱似乎是像雾像雨又像风的东西。但是，有一个人居然试图用一个科学实验去弄清爱是什么，他就是发展心理学家亨利·哈罗。

50多年前，哈罗做了一个非常著名的实验——恒河猴实验。研究者将8只小恒河猴和猴妈妈隔离开，幼猴被随机分成两组给两只人工母猴抚养。一只母猴是这样的：身子是用光滑的木头做成的，外面包裹着海绵和毛织物；胸前安装着一只奶瓶，身体内还安装着一个提供温暖的灯泡。另一只母猴是用铁丝网制成的，外形与木制母猴基本相同，胸前也安装着能喂奶的奶瓶，且也能提供热量。换句话说，这只铁丝母猴与木制母猴相比，除了在被哈罗称为“接触安慰”的能力方面有差异外，其他方面完全一样。研究者把两只人造母猴分别放在单独的房间里，房间与幼猴的笼子相通。

结果可能很多人都猜到了。刚开始，所有幼猴与两只人工母猴都有接触。经过几天的适应后，所有幼猴都几乎整天与毛茸茸的木制母猴待在一起，也包括那些由铁丝母猴喂养的幼猴。为了吃奶，它们迫不得已离开木制母猴，吃完后便迅速返回木制母猴这里。所以，并不是有奶就是娘啊！这些幼猴大多数时候都在木制母猴周围玩耍，困了还会在它怀里睡觉。当一只发条玩具熊在旁边咚咚地打鼓时，害怕的小猴会紧紧抱住木制母猴，以寻求安慰和保护，而不是抱住铁丝母猴。随着年龄的增长，幼猴这种反应变得更加强烈。无论是哪只母猴喂养的幼猴，反应都没有差异：当它们害怕时，它们会到木制母猴那里寻求安全感。

有一次，哈罗把幼猴放到一个陌生的环境里，里面放了积木等一些新玩具。如果有木制母猴在场，小猴子们会把母猴当作安全的依靠，会喜欢去探索和摆弄各种玩具，然后时不时地回到母猴的怀里，接着又继续去玩。然而，如果只有铁丝母猴在场，它们就会对陌生环境充满了恐惧，它们叫个不停、缩成一团、焦虑不安，根本不会去玩玩具，去探索外面的世界。除此之外，哈罗还发现，铁丝母猴喂养的小猴对牛奶消化不良且经常腹泻。这说明，幼猴因为缺少母猴的接触安慰而产生了心理紧张。

这一经典的心理学实验证明：跟猴子一样，人类除了有基本的饥饿、干渴等生理需求外，还有一种要接触柔软物质的需求。接触柔软物质会给人带来安慰，而安慰感才是人与人之间产生爱的最重要的因素。人是需要爱、需要情感依恋的，被人爱跟吃饱饭一样是人的基本需求。这个实验让我们看到爱是有物质属性的，它是柔软的、温暖的。同时，这个实验也让我们看到爱的作用，爱不仅能让人的身体更健康，还能给人安全感和支撑感，让人能更安心、更自由地去探索外面的世界。

美国得克萨斯州的汤姆·奥克斯曼博士研究了一群因为心脏病而开刀的病人。他想预测哪些病人开刀以后恢复得较快，而哪些病人无法存活。他发现，有两个很简单的问题可以用来区分这两大群人。第一个问题是，你跟旁边的人有没有定期的、规律性的、有意义的爱的联结？ 第二个问题很奇妙，就是你有没有从你的宗教信仰中获得力量与安慰?

对这两个问题都给出否定回答的人，在六个月内的死亡率是21%；对这两个问题都给出肯定回答的人，即他们既有与人的有意义的、爱的联结，又从宗教信仰中得到了力量与安慰，在六个月内的死亡率只有3%。竟然有六倍的差距!

人与人之间有意义的爱的联结带来的好处是身心一体的，它可能比吃得健康、住大房子、早睡早起、经常锻炼等对人更有帮助。心理学家黄维仁说："有的人就开玩笑，如果要在健康的朋友和健康的食物之间做选择，最好的当然是两者兼得。但如果迫不得已，必须在两者选其一的话，宁可选择健康的关系、不健康的食物。换句话说，宁可跟朋友们吃北京烤鸭、吃蹄髈，而不要一个人吃胡萝卜！"

亲密关系是具有治愈作用的。无论是父母、恋人给予的爱还是好友给予的爱，都会让一个人活得更健康，同时生出一股自信来，即便遇到挫折，也不会逃避、不会害怕。那种"反正有人爱我"的感觉能让一个人敢于活出真实的自我，发挥出内在的潜能，安心、自由地去探索外部的世界。

/ 三、没有目的，反而更快乐 /

如果说独处和爱讲的都是关系，和自己的关系、和身边人的关系，这些关系可以给心灵带来力量，那做无用的事情有什么用呢？我先谈一下什么叫无用的事情。老师说，经常有学生问她最近在读什么书，能不能推荐一些心理学方面的专业书籍。她回答说："我常常看一些与专业无关的书，比如小说、剧本、游记等。”她鼓励我们经常去做一些与自己的工作无关的事情，比如旅游、徒步、爬山、跳舞、看画展、看话剧、看电影、听音乐、做义工……她鼓励我们温暖地跟那些萍水相逢的人相处，给门卫保安一个微笑，在旅途中帮陌生的旅伴一些忙，耐心地给问路的人指路，坐地铁的时候给老人让个座……反正是那些不会给自己带来什么实际利益和好处的事情。老师并没有解释为什么让我们这么做。我个人的理解是，正是这些无用的、没有目的性的事情让我们生活得更快乐，内心生出幸福感。

前段时间，男友跟我讲他们单位的领导考核员工绩效的事情。他所在的部门是创新部门，部门里的很多员工都是搞科研的。科研这种事情，不是短时间内就能出成果的，往往需要投入大量的时间和精力。他的同事都是那种很热爱自己工作的人，按他的话说是“技术狂人”。为了应付领导的检查，怕领导问他们搞的东西有没有实际作用，可不可以为公司带来利益，每次领导检查工作的时候，他们都赶紧弄一个所谓的“科研成果”出来给领导看，而不是把自己真正在做的事情告诉领导，因为怕领导不让他们干了。

男友跟我说，搞科研的人可以分成两类，一类人是领导说这个东西有用、有市场，他们就努力去搞研究。另一类人是对某一事物很感兴趣，自己愿意花很多时间和精力去研究。他们不清楚自己能不能研究出结果，也不确定这个研究结果有什么用，反正就是凭着自己的兴趣和热情去做。有意思的是，后者往往更容易成功，搞出非常创新和实用的科研成果来。

这让我想到3M公司（很多人会买该品牌的防雾霾口罩）的创新体系，他们的好多研发人员有15%的闲暇时间，这部分时间公司是不做考核的。甚至有15%的员工是没有明确的工作职能的，就是做研发，而且是按自己的兴趣去做。

据说，有个人是个化工博士，又很热爱文学。突然有一天，他对荷花出淤泥而不染很感兴趣，就开始从自己学科的角度去研究荷花为什么出淤泥而不染，甚至还申请了研究经费。领导也不知道他的研究到底有什么用，可是后来，他们发现他的研究很有用。比如矿井里，因为井下很冷，矿工们戴着眼镜作业的时候，眼镜很容易起雾，如果在眼镜上涂一层他研究出的涂料，就不会起雾了。再比如，这种涂料可以让高速公路上的标牌“出淤泥而不染”。因此，这个产品推出仅一年，就有十亿美元的销售额。

管理学里很喜欢讲目标管理，说做什么事情都要以目标为导向，才会有一个好的结果。一家公司要有好的业绩，必须目标清晰，而且目标要能不断拆分，大目标要能分解成若干个小目标，小目标又能分解为更小的目标。但是，如果一味地盯着目标，那些短期内无法出成果的事情就没有人去做了，而这些事情往往起着改变公司命运的作用。

一家公司是这样，一个人也是这样。就讲一个我自己的例子吧。小的时候，对于写作这件事，我从来没想过自己有一天要靠它赚钱。当我在日记本上奋笔疾书的时候，我妈在旁边说："你别整这些没用的玩意儿，赶紧洗洗睡吧。"我不理她，继续写我的日记，因为我在做这件事的过程中得到了快乐。后来，经过多年的锻炼和累积，我出书了，现在以文字为生。我想，就算我出不了书，我也愿意去做这件事，因为我就是喜欢做这件事。

一般来说，当你经历一个好的、愉悦的过程时，这个过程会产生很多正能量，这些正能量导向的结果不会坏到哪里去。

讲到这里，就涉及一个人做一件事是以目标为导向还是以过程为导向的问题，或者说，你是把关注点放到结果上还是原因上，关注点不同，感受也不同。当然，没有好坏之分，只是标准不同。比如老板让你一天内交一份报告，交不出来你就会丢掉工作，这时候你可能就会更关注结果。再比如，中国的应试教育是以分数高低为结果导向的，最后的结果是学生只知道考试，大部分学生根本享受不到学习的乐趣，有的甚至产生厌学的情绪。大学毕业以后，很多人找不到工作，因为除了考试，他们不会干别的，也没有发展出自己的兴趣爱好。还有很多人经常梦见考试，噩梦中吓出一身冷汗。

一个人如果做每件事情都有目的性，以结果为导向，那他就会越做越疲惫，视野越来越狭窄。因为他容易有心理负担，不容易体会到做这件事的乐趣，同时也容易计较得失，少了一份从容与洒脱。

我认为，一个人要常常做一些无用的事情，生活才会更有乐趣一些。你学摄影不一定是为了成为摄影师，也不一定是想靠摄影赚钱。玩摄影让你的生活变得更丰富了，你的内在变得不一样了，你会知道哪个角度取景更好，怎样构图更美，你会去欣赏一幅摄影作品，而不是只有一句：嗯，这张照片不错。

多做一些无用的事情，也有利于维持生活平衡。从中医的角度来说，如果一个人身上的每一个器官、每一个细胞都在充分发挥作用，这其实是很可怕的，说不定会出人命。当我上了一天的专业课后，我往往会在睡前看一些与专业无关的书，比如《金瓶梅》《百年孤独》《了不起的盖茨比》等。当我写了一天的文章后，我往往会出去做一些无用的事情，浇浇花，散散步，逛逛公园，去菜市场转转。这些无用的事情能让一个人闲一闲，能让他维持生活的平衡，这样，他就会多一点其他可能，多一点生活的创意，多一点活着的乐趣。

如果说独处讲的是与自己的关系，爱讲的是与他人的关系，那么做无用的事情就是讲我们与生活或者人生的关系。经常做一些无用的事情，人的身心灵反而会更健康。这符合道家所说的“无为而治”，意思就是放下一些控制，放下一些目的性，遵循事物的自然趋势而为。我想，如果一个人能做到独处、爱和做无用的事情，那他的生活一定会与自己生命的节奏合拍，他一定能与生活共舞，绽放出生命的精彩与丰美。

穿上婚纱的时刻不是你人生的终点

/ 一、好的爱情不怕晚 /

最近，我认识了几个90后的姑娘。在跟她们聊天的过程中，我发现她们最关心的、跟我聊得最多的话题和很多80后的姑娘一样，那就是通过什么方式可以认识更多的异性，然后如何选择男朋友，最后如何成功地嫁掉自己。我很好奇，问了她们一个问题："你们刚大学毕业，24岁都不到，为什么这么着急嫁人呢？"

她们的回答有如下几种：

现在竞争这么激烈，不早做准备，到时候就晚了，我可不想成为大龄"剩女"；女人年纪越大，在婚恋市场上越难找对象，趁现在年轻，有选择的资本，等年纪大了，只有被别人选择的份儿啦；女人的价值是随着年龄的递增而递减的；反正都要结婚，早结婚早生孩子，对产后身材的恢复有好处；干得好不如嫁得好，女人这辈子有两次改变自己命运的机会，第一次是出生，第二次是嫁人，所以要认真对待，趁早规划；穿上婚纱是我这辈子最大的梦想，想着穿上美美的婚纱拍结婚照就很幸福，婚纱照一定要年轻的时候拍出来才好看!

……

有位23岁的女生，跟男友恋爱两个月后意外怀孕，来找我做咨询。我帮她梳理了一遍她的想法，并跟她探讨了最坏的结果，然后，我震惊了。她一定要嫁给那个离过婚、有两个小孩、年纪比她大很多、家庭条件也没有她好、还不是很愿意娶她的男人。她的父母也非常赞同她的想法。她和父母一致认为：一个女人只要结过婚，即便后来被老公抛弃，独自带着孩子，也比年纪大了没结婚，做大龄“剩女”要好。

我有个老同事，是个1988年出生的女生，她在QQ上和我聊自己的烦恼。她从24岁开始相亲，每个周末至少与一个男生见面相亲，多的时候有三四个男生，相了整整两年亲，至今没有碰到令她满意的对象。两年的相亲马拉松使她的身心疲惫不堪，她遭到了各路亲戚以及那些给她介绍对象的媒人的指指点点，说她太挑剔，说她心理有问题，说她并不漂亮，要搞清楚自己的状况……总之，现在不再去相亲的她除了承受着婚恋上的压力，还忍受着被人戳脊梁骨的痛苦。但更大的痛苦来自于她的内心：自我价值的缺失、人生的空虚与孤独，还有对那无法挽回的被浪费的时间的痛惜与悔恨。

她忍不住一遍遍地想：如果我不去相亲，而去做我一直想做的事情，用这些时间去实现我的梦想，我现在是否会更快乐？为了能成功将自己嫁出去，原本一直想去国外读书的她一直没有行动起来。

这就是时间与选择的残酷性，你永远不可能从头再来，你选择了人生硬币的A面，就等于放弃了人生硬币的B面。听完她痛苦的倾诉，我以朋友的身份安慰她：就当这两年的相亲是你的人生功课，你现在完成了这门功课，可以去做其他事情了。实现梦想这件事，任何时候做都不晚。但我的这些话丝毫安慰不了一颗焦虑的心。

/ 二、是要一地鸡毛还是快乐地独身 /

为什么这些年纪轻轻的姑娘会为嫁人如此焦虑？我想，是因为当下的社会和舆论环境所传递的价值观在起着重要的推动作用。

这几年，当我想通过看影视剧来放松的时候，我会去找日剧或者翻出20世纪八九十年代的国产电视剧来看，比如《一代女皇》《外来妹》等，我已经好久不看国产电视剧了。为什么呢？因为近年来的国产电视剧所呈现的价值观实在太单一、太乏味了，就是一个中心思想——“女人要嫁人”。20世纪八九十年代的电视剧往往强调女人要独立，要为自己开辟一片更广阔的天地，要活出自己人生的精彩。而如今的电视剧，只从名字就能看出其主题，比如前几年的《大女当嫁》《钱多多嫁人记》，近期的《咱们结婚吧》《一仆二主》等。这些至少三四十集的电视剧，不管制作得多么精美，服装道具多么时尚，主演们多么大牌闪耀，它们传递的价值观都远远落后于20世纪八九十年代的电视剧，就是一种“嫁人文化”。近几年的电影也是如此，《爱情呼叫转移》《幸福额度》《单身男女》《非诚勿扰》等电影不是有大量相亲的情节，就是表现女主角是如何一步步地把自己嫁出去的，或者成功嫁个有钱人。

在影视剧中，就算女人成功地将自己嫁掉，接下来的生活也是一地鸡毛，围绕着“婆媳大战”“斗小三”“保卫婚姻”等主题展开，比如《媳妇的美好时代》《婆婆来了》《婚姻保卫战》等一度很火的电视剧。反正，嫁人、和男人过日子、守住自己的婚姻就代表了一个女性生命中的一切。这种“女人要嫁人”的价值观不仅体现在各种影视剧中，还体现在各类婚恋网站、综艺节目、女性图书、流行歌曲、电视广告中。相亲类的综艺节目越来越多，几乎每个卫视台都有一档自己的相亲节目。春节期间，在各卫视台轮番播出的婚恋网站广告更是让无数单身女性心惊胆战……

“嫁人文化”甚至蔓延到了城市的公园里。上海的人民公园现在已经成为一个著名的旅游景点，不仅外国人来上海会去参观，外地人来上海也会去游览。他们去公园主要是为了看蔚为壮观的相亲角。每到周末，在人民公园的相亲角，有很多父母将子女的个人信息写在纸片上，用绳子挂起来，还有许多中介为单身男女代理“挂牌”，收取一定的费用。成千上万的婚姻分类广告铺在道路两侧，行人往来如织、摩肩接踵，浏览着这如雪片般的“挂牌”信息。有意向的家长互相咨询，人声鼎沸，还时常上演“夺人大战”。在这些被“挂牌”的广告中，大约有80%的单身人士是女性。高峰时，这里聚集着2000多人。

前段时间，还有一群盛装打扮的外国美女惊现人民公园的相亲角，不少外国美女还打印了自己的相亲简历：“工资：很多钱。户口：欧盟户口。婚房：等你买。”这些外国美女吸引了很多前来为子女寻找姻缘的阿姨和叔叔。不过，她们是真的想相亲，还是为了好玩，就不得而知了。

很多老外去相亲角是为了看热闹，他们中的很多人大概无法理解，为什么中国的父母会如此焦虑儿女的婚姻大事，为什么是父母在扎堆抢夺相亲对象的联系方式，为什么是父母在替孩子找对象。在他们眼中，这样的场景也许是中国的奇特景观之一。

据说，现在其他城市也出现了类似的相亲角。父母积极地为儿女的婚事奔走，为了能让子女结婚，他们不惜动用自己所有的资源，施展自己所有的技能。最重要的是，他们将自己的婚恋价值观强加在了子女身上。因此，除了媒体在努力输出“女人要嫁人”的价值观，中国的父母也在不遗余力地传播这一价值观。

有个读者给我写信，说她母亲不停地逼迫她结婚，尽管她才25岁。她母亲经常对她说的一句话就是：“人家就算离过婚了，也比你没结过婚的好”。每次听到这句话，她的内心就痛苦如被针扎，怎么都无法理解为什么母亲会对自己说出这样伤人的话。还有的母亲会对女儿说：“你嫁不出去，事业发展得再好、赚再多的钱，也是失败者。”还有的母亲对女儿说：“你一直不结婚，丢了我们全家的脸，是我们的耻辱。”

为什么一个女人和一个她不爱的男人领一张证，凑合着过日子，会比快乐地独身强呢?

为什么一个女人一定要靠一个男人定义自己的成功与失败呢？为什么一个女人没有男人，她人生的一切就没有意义呢?

为什么婚姻和男人像夏娃必须穿的衣服，没穿衣服就是不正常，就是羞耻的事情呢?

可以猜想，中国有无数的母亲此刻正对着自己的女儿说着类似的话，她们不停地贬低和打击自己的女儿，为的就是让她们顺应自己的价值观，然后找个男人顺利结婚。这些母亲不知道，女儿们的天空已经不再像她们当初的那个天空般那么低矮了，女儿们的天空有更多展翅飞翔的可能。

/ 三、当起点变成了终点 /

顺应这种嫁人文化的结果往往是个人生活的悲剧。

我有个朋友，33岁时在父母的催促下与一个相亲对象闪婚。后来，她的婚姻生活实在很痛苦，双方经常争吵和上演冷暴力，因为彼此没有爱。一年后，她离了婚。

有个女性网友写信来说，随着年龄逐渐增大，她身边很多人都结婚了。后来，闺密们也都结婚了，微博和QQ群里不是在晒婚纱照，就是在讨论奶粉和尿不湿的品牌。她没有了朋友，又不愿意去交更年轻的女性朋友。同时，她还承受着父母催婚的压力。在明明不想结婚的情况下，她勉强自己结了婚。过了两年痛苦的婚姻生活，最后以离婚收场。

还有一个男性网友写信来说，迫于父母的压力，他在34岁时随便找了个人结了婚，很快就生了个孩子。孩子两岁时，他遇到了一个令自己心动的女生，那是一个能让他产生爱情的姑娘，于是，他出轨了。但他的内心非常痛苦，一方面是家庭的责任，一方面是爱情的甜美。他对妻子没有爱，甚至对孩子也没有爱，他不知道该如何将婚姻进行到底。他在要不要离婚这个问题上纠结徘徊，在道德与爱情之间痛苦挣扎。

中国现在的离婚率越来越高，其中一个原因就是缔结婚约的两个人没有爱，为了结婚而结婚。如果你结婚是以嫁出去为目的，或者你结婚只是为了穿一次婚纱、拍一次婚纱照，再或者你结婚只是为了一个婚姻的框架，为了摆脱他人的眼光带给你的压力，那你的婚姻是很危险的。

你为了摆脱被催婚的压力，随便找个人结婚，殊不知这样凑合的婚姻会让你更加痛苦，更加无法忍受。身心受伤后，只能以离婚收场。本来结婚只是起点，你却将其当成了终点，最后只能以悲剧告终。

与嫁人焦虑相对应的则是离婚率的不断飙升。上海、北京等地的离婚率早已超过30%，直逼40%。民政部曾发布了这样一组数字：“2013年上半年全国共有193万对夫妻办理离婚手续，比上年增长10%，粗离婚率为2.5%，比上年增加0.2个千分点。其中，民政部门登记离婚140.3万对，法院办理离婚40万对。”中国的离婚率呈逐年递增的态势，离婚率的增幅远超结婚率。更有趣的是，主动提出离婚的女人越来越多。与此同步的是，中国的单身人数越来越多，晚婚的人数越来越多，选择独身的人也越来越多。当然，其中单身、晚婚和选择独身的女性也越来越多。

在我看来，高离婚率、女性主动选择离婚、“剩女”多，这正是中国女性越来越自由、越来越独立的表现。在受教育和获得工作机会方面，中国的女性越来越多地拥有了和男性一样的机会和权利，她们成长得很快，表现异常优秀。她们拥有独立的经济能力，能很好地养活自己，不再需要像她们的母亲一样通过婚姻来依傍男人，获得安身立命的基石；她们自由大胆地去追求爱情，看重婚恋关系的质量，而非婚姻的框架；她们不愿意迁就和凑合，不那么在意其他人的眼光，不愿意被道德观念束缚，希望以自己喜欢的方式去生活。这是中国“剩女”多的内部原因。

另一方面，中国男性的审美观和择偶观念还没有与时俱进。他们一碰到独立能干，尤其是事业上比他们发展得好的女人就“阳痿”了，自信心不足；他们还不懂得欣赏成熟女性的魅力，比较偏爱“萝莉”型、“幼齿”型女性，因为这样的女性更容易“顺服”和“被调教”；他们仍然把女性的年龄商品化，觉得女性年龄越大越不值钱。这是中国“剩女”多的一个外部原因。要改变这一现状，中国的两性还有很长的一段路要跋涉。

/ 四、自己过得好，世界才会好 /

日本也有大量的“剩女”，据统计，从1975年到2005年的30年间，日本的适婚女性（25~29岁）比例由20.9%大幅上升到59%。她们除了拥入“婚活”队伍中，开始相亲、结婚，还开始思考女性一个人生活的可能性、不结婚的利与弊。这一时期，市场上出现了很多以女性一个人生活与变老为主题的图书。中国读者熟悉的有高木直子的“一个人”系列和上野千鹤子的《一个人的老后》。

2013年春节时，一个在日本生活的亲戚告诉我，日本女性一个人生活的情况非常普遍，在与她一起工作的六名女性同事中，就有两名40多岁还没结婚，她们已经决定一辈子不结婚。正所谓管中窥豹，由此可以看出日本独身女性数量之多。

2012年秋，日本富士电视台推出了一部名为《不结婚》的电视剧，剧中讲述了两名大龄女性——分别是35岁的田中千春和44岁的桐岛春子——各自不结婚的过程和原因。这部剧以一门关于日本婚恋情况的社会学课程作为开头并贯穿全剧，最后的结局是两位女主角都获得了真爱，但她们并没有结婚。

这部剧以理论结合现实的方式对婚姻观进行了重新思考：在获得真爱的同时，是否一定要结婚？在日本，随着女性的高学历化和独立性的逐渐增强，晚婚甚至不结婚的现象越来越普遍，而日本社会对这些女性的宽容度也越来越大。

对比日本，也许是因为发达程度不够高，中国社会对单身女性恰恰缺乏宽容和尊重。在我看来，现在中国的舆论与父母极力给年轻女性传播和灌输“嫁人文化”，其实是畏惧这股女性独立风潮的一种外在表现。因为害怕中国女性的“不婚主义”“单身主义”，害怕她们的生活样本与自己不一样，他们开始采用大规模的洗脑战术。

面对各类媒体和父母的“女人要嫁人”这一观念的狂轰滥炸，单身和不婚女性产生了越来越多的恐惧和不安。她们无法淡定，因为目之所及大家都在忙着结婚、生孩子，只有自己是不一样的。“你不一样就是不正常”“人家都在结婚，看看你在干什么”，这给她们造成了很大的压力和焦虑。在我看来，这就是一种变相的价值观强暴。一个人在多大年龄结婚、跟谁结婚、能不能不结婚、生不生孩子，这些都是个人的私事，是个人的选择，社会应该给予个人意志更多的尊重和自由，而不是用统一的价值观进行洗脑式的镇压。

80年前，伍尔夫在女性主义文学宣言《一间自己的房间》中这样鼓励女性：“我希望你们可以尽己所能，想方设法给自己挣到足够的钱，好去旅游，去无所事事，去思索世界的未来或过去，去看书、做梦或是在街头闲逛，让思考的渔线深深沉入这条溪流中去。”

60多年前，波伏瓦在其女性主义作品《第二性》中写了一段令女性反思的话："当女人开始参与规划世界时，这个世界仍然是属于男人的世界：男人并没有觉察到这一点，而女人也几乎觉察不到。拒绝成为他人，拒绝与男人合谋，就等于放弃与高等阶层联合给她们带来的一切好处。男人—君王在物质上保护女人—忠君者，前者负责保证后者的生存；女人在回避经济上的危险的同时，也回避自由带来的形而上学的危险；这种自由要孤立无援地创造目的。凡是个体都力图确定自身是主体，这是一种伦理上的抱负，事实上，除此之外，人身上还有逃避自由和成为物的意图，这是一条险恶的道路，因为人被动、异化、迷失，就会成为外来意志的牺牲品，与其超越性分离了，被剥夺了一切价值。不过，这是一条容易走的路，这样就避免了承担生存所带来的焦虑和紧张。"

无论是年轻的女孩还是大龄"剩女"，都要警惕"嫁人文化"的洗脑，要警惕那些洗脑的话术："女人最大的事业就是把自己嫁出去""女人最好的成功就是成为贤妻良母""女人干得好不如嫁得好""人家就算离过婚，也比你没结过婚的好""嫁人是你唯一的出路，不嫁人你就没出路"……听从这样的话往往会给你带来悲惨的命运，因为以嫁人为己任的女人往往修不到幸福的婚姻，就像唯利是图的商人赚不到丰厚的财富。

无论如何，嫁人都不应该是你人生的全部，也不是你生活的目的和终点，婚姻只是生存的一种形式，只是生命的一部分，人生的精彩时刻不该仅仅是穿上婚纱的那一刻。不要只因为你是女人，就放弃独立地去创造属于自己的人生目的和意义的机会。

你可以像伍尔夫说的那样，去挣钱，去工作，去旅游，去阅读，去思考，去实现自己的梦想，去无所事事或街头闲逛，而不该只是嫁人。你之所以一心只想嫁人，而不想其他，也许是因为相比于独立地去创造属于自己的人生目的，嫁人显然是一条更容易走的道路。或者说嫁人就是你谋生的方式，你落魄到了为生存而嫁掉自己。

长期研究两性关系的美国作家珍娜·麦卡锡分享了关于美满婚姻的重要发现，其中有一条是：男人越积极做家务，双方的性就越多，婚姻就越幸福。我想起《一辈子做女孩》一书的作者说过一段话："如果你想为你的女儿出谋划策，如果你想让她长大后过上幸福的生活，你就必须鼓励她完成自己的学业，尽可能推迟自己结婚的时间，拥有属于自己的生活，控制儿女的数量，并且找一个乐意清洗浴缸的男人。这样，你的女儿才有可能过上健康、富裕和幸福的生活，就像她的丈夫一样。"希望我们这一代女性能通过自己的努力，不断地去争取女性的平等和自由，为女儿们做出榜样。等我们的女儿长大后，鼓励她们独立自主，在世界上创造属于自己的价值，去完成自己对生命的探索，然后还可以顺便找一个乐意清洗浴缸的男人，跟他一起幸福地生活。

什么都不做的陪伴

/ 一、独处与陪伴 /

在与人相处时，我常会遭遇一种尴尬，这种尴尬是相对无言的寂寞，感觉有如一阵冷风在两个人之间穿行，所到之处一片茫然无措。比如，因为工作关系，你和第一次见面的同事有一项工作要讨论，于是约着一起吃饭、谈事情。正经事在菜还没有上桌之前就谈妥了，接下来你们无话可说，四周的人在聊天，你们两个人却很安静，仿佛一杯放久了的豆浆，上面凝结了一层膜。

沉默没维持多久，你们就打破沉默，开始聊天。你明显地感觉到自己和对方都在没话找话说，你们谈今天的天气，讲最新的社会新闻，比如扶梯惨案、公交车爆炸事件、虐待儿童问题、大学生就业困难……等所有的社会新闻都谈得差不多了，你们的菜终于上来了，你感觉彼此都轻呼了一口气，内心轻松了许多。“来来来，吃菜，吃菜！”你们埋头吃菜，多亏了筷子和嘴巴的运动，彼此的尴尬被消除了许多。但是，有的时候，你感觉自己不是在吃美味的菜肴，而是在咀嚼尴尬，这尴尬味同嚼蜡，你恨不得赶紧吃完饭，回家上网看电影去。

如果你们聊了许多社会新闻，菜还没上来，那你们的话题就开始进入更加个人的领域。你们会询问对方以下问题：是本地人吗？如果不是，在这个城市生活了多少年？结婚了吗？有孩子了吗？没结婚的就谈谈没结婚的几个原因；结婚但没孩子的就谈谈两个人结婚多久、如何认识、交往时的一些趣事；有孩子的就谈谈孩子多么活泼可爱，也许还会拿出手机，让对方看看孩子的照片，夸夸孩子，心里想着：妈的，菜怎么还没有上来？！

有一类人无法独处，无人陪伴就抓狂。他们充分依赖他人的陪伴和周围喧嚣的环境，没人在他们身边，他们就会感觉寂寞又孤独。有的人甚至会抓起手机，挨个儿给朋友打电话，以求得一丝内心的慰藉。

周国平说，独处是一种能力。“绝对不能忍受孤独的人是一个灵魂空虚的人。世上正有这样的一些人，他们最怕的就是独处，让他们和自己待一会儿，对于他们简直是一种酷刑。只要闲了下来，他们就必须找个地方去消遣。他们的日子表面上过得十分热闹，实际上他们的内心极其空虚。他们所做的一切都是为了想方设法避免面对面看见自己。”他对此的解释是：“连他们自己也感觉到了自己的贫乏，和这样贫乏的自己待在一起是顶没有意思的，再无聊的消遣也比这有趣得多。这样做的结果是他们变得越来越贫乏，越来越没有了自己，形成了一个恶性循环。”

另一类人则醉心于独处，喜欢独处甚于有人陪伴。他们逃避亲密关系和人群，有人陪伴会让他们感觉不自在，浑身不舒服，总想逃离陪伴的关系。我自己的解释是：这类人也在想方设法避免面对面地看见自己。社会学有个镜子理论。人是社会的产物，一个人的自我认识和自我认同是从人与社会的互动、对话中长出来的东西，我们通过“关系”“他人”的映照来认识自己。

他们逃避关系，其实是在逃避自我。另一个解释是他们害怕依恋的关系，害怕在关系中受伤，所以宁愿选择不建立关系。当然，选择独处是避免受到伤害的方式之一，但如果仅仅因为预期的痛苦而避免依恋关系，就“不能使一个人活出存在意义上的完整性”，他也无法拥有充实的生活与人生。

我自己更偏向属于后者。也许是因为长时间的独立生活和乐于独处，我已习惯一个人。上餐厅吃饭，服务员问：“小姐，几位？”我会微笑又大方地说：“一位。”就像阿桑的歌里唱的：“孤单是一个人的狂欢，狂欢是一群人的孤单，爱情原来的开始是陪伴。但我也渐渐地遗忘，当时是怎样有人陪伴。我一个人吃饭旅行，到处走走停停，也一个人看书写信，自己对话谈心……” 一个人习惯独处，并独处得如鱼得水般，不记得陪伴的滋味，也不适应陪伴的状态，有人陪伴对他（她）而言反而成为一种需要去努力学习和适应的状态。

对这类人来说，有人陪伴着一起做事还好，当无事可做又无话可说的时候，陪伴反而成为一种不自在的煎熬。我就是如此，即便是和男友或最好的闺密相处，彼此熟悉又亲密，这种不自在还是会偶尔出现。我写过好几篇有关“一个人”“孤独”等主题的文章，很受读者喜欢，但从未写过有关陪伴的文章，因为我对独处很在行，而陪伴于我则比较陌生。对我来说，陪伴有时就像冬天的蒲扇、夏天的暖炉，多少让我觉得有些不合时宜。想象一下，在七月的酷热天气里，当你面对一个暖炉时，你的第一个想法是什么？一个字：逃。

/ 二、沉默的陪伴是付出，是爱 /

我常常逃避有人陪伴，也逃避亲密关系，只觉得一个人最自在舒服，无人对我有要求、有期待，我对他人也无要求、无期待，这样就免去了许多麻烦与失落。有的时候，我甚至觉得陪伴是完全没有必要的，直到我爷爷病重和过世，我对陪伴才有了重新的认识。他得肺癌病逝前的那段时间，我每天都会去陪他一段时间。对一个躺在床上、即将走到生命尽头、受着病痛折磨的人而言，时间是相当漫长的，过日子成了一种折磨。

爷爷在床头摆了一个小闹钟，总是时不时地抬头看下时间。他需要我奶奶一直陪伴在身边，如果奶奶离开，去洗头或者做饭，没跟他说一声，他就会生气和抱怨："你去哪里了，怎么去了那么久？！"我爷爷儿孙众多，所以我有一个大家庭。每天晚上七点以后，一大家子十几个人都会到他房间来陪着他。我和叔叔以及堂哥、堂弟会轮流为他按摩肩背，以缓解他因为消瘦和缺乏翻身而产生的肌肉麻痹感。我们大家聚在他房间里拉家常，说一些电视新闻、村民八卦、田间地头的趣事、家长里短，他听我们大家聊这些，就会很开心。那时，他一直靠吸氧机呼吸，说话已不大方便。有时候，我们说到一个远房亲戚，想不起名字，他会着急地补充。

记得立春那天夜晚，爷爷的呼吸忽然变得急促起来。在我们乡下，节气具有非常重要的象征意义，代表着离开和改变，很多小孩和老人在节气更替之际容易生病，病重的老人则容易在这个时候过世。我们大家很担心爷爷熬不过这一晚，整个家族的人都陪在他身边。一开始大家还聊着天，凌晨两点以后，每个人都疲惫不堪，不再说话，只是默默地陪着他。让大家欣慰的是，爷爷平安地度过了立春夜。春节期间，因为更多儿孙的归来和陪伴，爷爷的气色好起来，他过了一个很开心的春节。元宵节过后不久，他握着奶奶的手，在家人的陪伴下闭上了眼睛。

子曰：“未知生，焉知死？”先贤早就教导我们，学习如何好好活着，也就是学习如何死去。同样，学习如何死去，也就是学习如何好好活着。爷爷对待病痛和死亡的态度，教会他的子孙如何面对生存与生活。在大家一天天陪伴爷爷的日子中，我认识到爷爷教给了我关于陪伴与爱的功课。他并不是真的需要大家给他讲故事或者陪他聊天，他需要的只是陪伴——亲人在身边的陪伴——哪怕我们默默地坐在他身边不说一句话，也很好。

这种陪伴就是爱，让他避免孤独，让他看到自己走过这一生创造出来的价值，帮助他克服对死亡的恐惧和焦虑。

还有一件小事，也让我对陪伴有了更深的认识。我父亲大多数时候去看爷爷，不是在他睡觉的时候，就是看一会儿就走，所以爷爷会向奶奶抱怨，说他不够孝顺。父亲听后感到很委屈。爷爷和父亲的心理我都能体会。爷爷觉得父亲不愿意花时间陪他，父亲则觉得自己什么都做不了，只能和自己病重的老爸面面相觑，他觉得尴尬、无助又焦虑。他没有认识到，自己只是沉默地坐着也是一种付出，表达着他对父亲的爱和关心。

/ 三、什么都不做地陪着也安心 /

在人际关系中，我们是如此害怕沉默的陪伴。与不熟悉的人相处，常有沉默时不自在的感觉；在与熟悉的朋友相处时，甚至在亲密关系中，也会有这种沉默时的不自在。有一位男性朋友曾对我说：“我受不了和女朋友在一起什么都不做、什么都不说的时候。不说话的时候，我们用吃饭和做爱来填满；不做爱的时候，我们用吃饭和谈话来填满。”也许这种状态正好印证了那句话：真不知道男女约会除了吃饭还能干吗?

我们与朋友或恋人在一起时，不是不停地说话，就是不停地找事做，希望以此填满沉默的空间。一沉默我们就感觉尴尬，浑身不自在，如坐针毡，不是没话找话说，就是急于想摆脱这种沉默的尴尬。我们完全没有意识到，什么都不做的陪伴也是一种付出，也是爱。更重要的是，我们做不到什么都不做还能安心自在。什么都不做还能安心是一种很高层次的心境，需要不断地修行。

我看过存在主义心理学大师欧文·亚隆的不少书，《在生命最深处与人相遇》这本书里讲了一个很有趣的小故事。亚隆有一位敬爱的老师，年岁很大了，患有老年痴呆症，住在疗养院里，亚隆经常去看他。有一次，他和朋友去看老师，可是老师病情加重，不记得他了。他跟老师谈了许多他们过去的事情，老师才想起一点点。

亚隆友善而深情地问老师："杰里，对你来说，坐在这里跟你不能确定是谁的人一起谈话，那会是怎样的感觉呢？"他总是能关注当下的体验！杰里听懂了他的话，并对他的问话里所表达的关心做出回应。"我喜欢这种陪伴，"他说，"你知道，情况并不是那么糟。我每天醒来，看到窗外的绿树和鲜花，我很高兴看到它们。情况并不是那么糟。"

"我喜欢这种陪伴"这样的回答多令人感动啊！单单是陪伴就已然足够了，不管你是否能确定陪伴你的人与你的关系。

上周上心理学课的时候，老师让我们体验了两种极端类型的来访者，一种喋喋不休，一种沉默无语。老师问我们面对沉默无语的来访者有什么感受。大家说的都差不多：尴尬、无助、无奈、如坐针毡，觉得每一分钟都是煎熬。老师问了我的感受，我回答说："仿佛置身于一间沉默的密室。"

有的同学选择给来访者倒水、放音乐等。其实，这么做并不是在满足来访者的需要，而是在满足心理咨询师自己的需要，这好像在说："你看，我都为你做这么多事情了，你怎么也得说一两句话吧？！"这是一种互惠的策略，同时彰显自己有多体贴、多关怀对方，并醉心于此。还有的同学指着自己的手表说："你看，已经过去好几分钟了，你一句话都没说，不管你说不说话，钱我都要照收。"这则是一种威逼利诱。老师说，他在面对这样的来访者时也会沉默不语，等着来访者自己打破沉默。

这让我想起电影《心灵捕手》中的咨询师西恩。在他对威尔最初的两次治疗中，威尔长时间地陷入沉默。威尔沉默时，西恩也一样沉默。他绝不先开口，而是等待威尔开口，甚至在他面前打起了瞌睡。这种沉默有两层意思：一是你有沉默的权利，二是我不会诱惑你或者对你施加压力让你说话。在玩了很长时间的“瞪眼游戏”后，威尔主动开口讲话了。有的人觉得，打破沉默的时候治疗才开始，在我看来，当他们沉默着陪伴彼此时，治疗就已经开始了。

接着，老师谈到他认识的一位人本主义心理咨询师在面对沉默不语的来访者时的做法。这位咨询师对来访者说：“也许你现在还没想好要说些什么，那也没有关系，我很高兴在这里陪着你。”我听了很受触动，短短几句话，包含了共情、无条件的接纳和耐心的陪伴。如果心理咨询师能做到这一点，我想，仅是陪来访者坐着，就能让来访者感到安心。

在《村上春树去见河合隼雄》一书中，对心理咨询师河合隼雄的评价，用村上自己的话说就是：“不过，在那样的状态下，与河合先生面对面谈着各种事情时（几乎没有谈到小说的事），头脑里却感觉到好像痒痒的逐渐放松似的不可思议的温柔感。要说是‘疗伤’或许太过于小题大做，总之好像整个松一口气。河合教授真是一位不可思议的人……和河合先生面对面谈话，我每次都很佩服，他绝对不会像要以自己的想法去推动对方的样子。反而是很小心注意，不要去妨碍对方的思考和自发性动向。应该说，反而是配合对方的动向，一点一点地在移动、调整自己的位置。

“比如，他知道我那时正在写小说，便断然停止可能会诱导我（或我的作品）的发言，并几乎都在谈一些毫不相关的话题。结果，为我启发提示了几种自然思考的可能性，让我可以在那前方，自己发现方向。因此我想在不知不觉间，已经受到他相当多的鼓励。”

我真心佩服河合隼雄先生。后来，看了他的《心的栖止木》，我才明白他修炼了一颗安心。什么都不做容易，心安则极难。因为我们有那么多的抱负和欲望，我们的心一刻都不曾止息。真正的爱不是努力去做些什么，而是努力不去做些什么。

河合先生努力不去做会诱导村上写作小说的发言，这就是一种真正的爱。他在《幸福和安心》一文中说道：与其思考“幸福”，不如“安心”更重要。能够做到“安心立命”的人，仿佛“实实在在扎根于大地之上，只要去到他身旁，他就会让你感到安心”。他又说：我在美国就见到很多这种类型的人，他们对一切都充满自信，可是完全缺乏“安心”。在他们身旁，好像连你也坐立不安起来，甚至焦躁慌张起来。

当你什么都不说、什么都不做，也觉得安心时，无论你身边陪伴着的人是谁，你都能让他感到安心。也许可以这么说：你心中有光时，才能照亮他人，点亮他人心中的光。所以，当沉默再次降临到你们之间时，请不要恐惧沉默，不要逃避沉默，试着不去打破这份沉默，试着不去做些什么、不去说些什么，而只是选择沉默地彼此陪伴。试试看，也许你能感受到沉默中蕴含的爱与安心，并在沉默中看见自己、修炼自己。

彼此独立但又饱含亲情

/ 一、那时年轻，不懂守护爱情 /

“五四”运动之后，我们一直在倡导恋爱自由、婚恋自主，快100年过去了，依然有很多人无法获得婚恋自由。很多年轻人给我写信说父母干涉自己恋爱的事情，尤其是母亲干涉子女的婚恋。比如，有女生说她男朋友的妈妈嫌弃自己，对自己各方面都不满意。而男生则说女朋友的母亲不接纳自己，百般阻挠女儿和自己谈恋爱。还有母亲直接公开破坏两个年轻人的关系，以拆散他们为主要目标，这导致很多年轻人生活得很痛苦。

有个女生写信来倾诉：“他和他的前女友就是这样被他妈拆散的，他说他当时太软弱，不懂守护自己的爱情，这次他无论如何都一定要娶我。他说，如果失去我，他的人生将是灰色的，他无法再受一次打击。我问他，都几个月了，你妈还是这样对我，还要等多久才能改变。他回答不出来，我真的担心。就算结婚了，也没有好日子过呀！如果我点头，一定能很快结婚，但结了婚就能逃得了吗？他妈已经变成了家庭的施虐者，她控制他的生活，连他的同事和朋友的名字都要过问，经常过问他的工作细节，生活小事更是无所不管。他跟我约会，他妈会打三个电话催他去理头发，30多岁的男人啊！我一方面心疼他，一方面不敢圣母般地赔上自己的婚姻幸福跟他过，如何是好？”

这是女生的烦恼，男生的烦恼则是这样：“我妈很不喜欢我的女朋友，说她太瘦，不知道能不能生小孩；说她工作不稳定（我女友是广告公司画分镜头的）；说她是外地人，家庭条件没我们家好，以后两个人一起买房，不知道她的父母能不能帮忙；还说她性格不好，不够开朗大方。我妈喜欢开朗大方的女孩。我妈还觉得她干家务也不怎么在行，以后不能照顾好我。总之，对她有诸多不满和挑剔。

“更让我没办法应对的是，我妈开始给我安排相亲。她想让我跟现在的女朋友分手，跟她介绍的女孩相亲，是她同事的女儿。我不想去，但我妈态度很强硬，逼我去，后来她还哭了。我不想让她太伤心，就去了，这件事情我女朋友现在还不知道。我夹在两个女人中间，左右为难，一个是生我养我的母亲，一个是我深爱的女朋友。有时候，我感觉自己必须舍弃一方，问题才能解决，但我实在无法做出选择。”

他们的来信看起来就像同一个故事里男女双方不同的讲述。看完此类邮件，我脑子里想到了韩国女星崔智友主演的电影《陷阱》。电影中的男主人公自幼丧父，和母亲相伴生活了30年。终于有一天，他和一位年轻漂亮的女孩结婚了。生活的平静被打破，发生了一系列可怕的事情。

媳妇发现这位母亲一直给儿子洗衣做饭，甚至帮儿子洗澡。当儿子赖床时，母亲就去叫他，母子俩在床上一起打闹，这种方式一直持续了30年。媳妇发现自己在这个家里根本就不是一个妻子，婆婆取代了自己，做了妻子应该做的一切事情。她实在无法忍受，为了夺回自己的丈夫，她开始积极行动，婆媳之间展开了争夺战。媳妇领教到了婆婆强烈的嫉妒和仇恨，终于不堪折磨，败下阵来，她内心充满恐惧地离开了。面对妻子的离开、母亲的告白，儿子明白了一切，也要离开这个家，去找妻子。没想到母亲竭力阻止，还拿刀以死相逼，在争抢中，母亲失手杀死了自己的儿子。随后，她还对已经离开的媳妇进行了极端残酷而病态的报复：诱骗其回来，将她囚禁在黑暗的地下室里，疯狂地殴打与折磨她……好吧，原谅我一开始就讲了一个这么可怕的故事。

/ 二、爱的争夺战 /

相比于西方的婚姻和家庭关系，婆媳矛盾是非常有中国特色的。中国的家庭为什么会有这么明显的婆媳矛盾呢？这个问题可以从中国的传统文化中得到解答。中国有“三纲五常”“三从四德”。在这里，我挑与婆媳矛盾有关的讲。“三纲”是指“君为臣纲、父为子纲、夫为妻纲”，要求为臣、为子、为妻的必须绝对服从于君、父、夫，同时也要求君、父、夫为臣、子、妻做出表率。三纲取于阴阳之道，君、父、夫体现了天的“阳”面，臣、子、妻体现了天的“阴”面。“阳”永远处于主宰、尊贵的地位，“阴”永远处于服从、卑贱的地位。

“三从”是指“未嫁从父、既嫁从夫、夫死从子”，意思是说，女孩子在未出嫁之前要听从家长的教诲，出嫁之后要顺从丈夫，如果丈夫不幸死了，就要守好自己的本分，想办法养大孩子。这种法则固然带来了很多好处，比如国家的稳定、家庭的和谐。但是，它最致命的坏处是女人在家庭中没有地位，相当卑贱，她的价值是被人忽视的。能决定她价值的只有生育，而且要生男孩，生女孩是没有用的，因此会有“母凭子贵”这样的说法。丈夫有三妻四妾，你想生个孩子并不是那么容易的，要跟其他女人去竞争。争夺生育权其实是在争夺在家中的地位。（这句话高度概括了《甄嬛传》的主要内容）

想想看，在那个时候，一个女人没有一份工作可以发挥自己的价值，丈夫也不是自己一个人的，在大家庭中的地位又如此卑微，结果会怎样？第一，女人很难认同自己的女性身份。男人地位这么尊贵，做男人可以得到很多好处；女人地位这么低贱，做女人又有什么好处呢？所以，虽然她是女性，但她在内心深处也同样重男轻女。第二，她会将所有的人生期望都寄托在生育上，因为生出一个男孩后，她就能改变自己的命运。第三，只有孩子是真正属于自己的，丈夫不是。在这个女人的情感关系中，亲子关系是大于夫妻关系的。跟其他女人去争夺丈夫的爱太累了，孩子却天然对她有依恋，爱她，丈夫那份缺失的爱被孩子填满了。所以，这位可怜的母亲就把自己所有的爱，包括那份对丈夫的爱，都倾注到自己的儿子身上，以寻求精神上的慰藉和满足。

儿子长大了，要娶妻生子，这对这个母亲来说相当于有另一个女人来瓜分原本属于她的爱，于是她会进行爱的保卫战，婆媳矛盾便产生了。这个做媳妇的会发现丈夫的爱有太多人在瓜分，除了他的三妻四妾，还有他的母亲，她从丈夫那里根本就得不到多少爱。面对这场“爱的争夺战”，她的敌人又多又强大，尤其是婆婆，而且丈夫也不会支援她，她只能孤军作战。因为母亲的伟大付出，也因为中国孝文化的制约，儿子与母亲的联系更为紧密，他不敢忤逆自己的母亲，甚至完全站在母亲的阵营里。加上母亲可是曾经经历过这种战争的，无论是兵力、武器装备还是作战经验，都胜于年轻的媳妇。于是，婆婆在战争中赢了，媳妇惨败。媳妇只好像年轻时的婆婆一样，把希望寄托在自己的儿子身上。于是，中国一代又一代的母亲养育出懦弱、不敢反抗她的儿子，婆媳矛盾也这样一代代地延续下来。

归根结底，婆媳矛盾就是两代女人在争夺自我价值感，只不过这种自我价值感是通过男人给予的关注与爱而确立的。母亲在索要爱的对象上出了问题，爱她的人不应该是她的孩子，而应该是她的伴侣，她只是因为缺爱才会对媳妇如此不满和嫉妒（如电影《陷阱》中残害媳妇的母亲）。

除了用中国传统文化进行解释，还可以用西方心理学来解释婆媳矛盾。

有个朋友给我讲了一个小故事。她在地铁里遇见一家三口，男孩三四岁的模样。他对妈妈说："妈妈，我长大了要和你结婚。"妈妈就笑着问他："那爸爸怎么办？"小男孩回答："让爸爸和奶奶结婚。"

小孩在三四岁的时候大多会讲出类似的话，很多做母亲的人都有此体验。根据弗洛伊德的人格发展理论，这是男孩恋母情结的表现。孩子在3～6岁的时候处在性器期，开始出现性别分化，孩子最早的性追求对象是其异性的父母。男孩会依恋母亲，总想占据父亲的位置，与自己的父亲争夺母亲的爱。女孩会依恋父亲，总想占据母亲的位置，与自己的母亲争夺父亲的爱。古希腊神话里有俄狄浦斯王杀父娶母的故事，所以，人们现在用“俄狄浦斯情结”形容恋母（父）心理。

在性器期，男孩要解决跟父亲认同的问题，女孩要解决跟母亲认同的问题。也就是说，男孩要让自己成为像父亲那样的人，女孩要让自己成为像母亲那样的人。以男孩为例，男孩与母亲不同性别，他爱母亲，想要与母亲建立起一种恋爱的关系，但母亲爱父亲，男孩为了获得母亲的欢心，必须让自己像父亲。因为父亲和自己同性别，所以他很容易认同父亲。他模仿父亲，把父亲的心理特点和品质吸纳过来，成为自己的心理特征的一部分。同时，父亲爱母亲，而男孩模仿父亲，他就会越来越爱母亲。恋母和仿父常常是相互促进的。所以，父母相爱、夫妻关系和谐非常有利于消除孩子的恋母或恋父的情结，帮助他成长为更独立的人。

在父亲对母亲不好的家庭里，男孩的内心是很矛盾、很痛苦的。他一方面要爱自己的母亲，另一方面又要认同父亲，但父亲不爱母亲，甚至对母亲很坏，比如家暴，父亲无法成为他的榜样，所以他很分裂，无法很好地解决认同父亲这一问题。在父亲角色缺失的单亲家庭中，因为缺乏认同的对象，男孩的恋母情结也不容易得到消除。

如果男孩的恋母情结没有消除，那他长大了就容易成为一个“妈妈boy”，常把母亲当作依恋和撒娇的对象，也因为非常害怕失去母亲的爱而不敢有自己的主张，很可能变成一个没有主见、缺乏进取精神的男人，为讨好母亲而生活。结婚后，家庭中就容易产生婆媳矛盾。

当然了，我并不是说所有有恋母情结的男人的生活都会过得很糟糕，人生会很失败。相反，有不少名人因为有恋母情结而获得了某种成功。达·芬奇的恋母情结众所周知，据说他是以母亲为原型，创作出《蒙娜丽莎》等一系列女性形象的作品的。有个人非常胆小怯弱，一直都跟母亲生活在一起。他的母亲照顾他的饮食起居，为他读书、念报、记录并整理文稿，还陪他散步，甚至陪他一起上班、出国访问。他结了婚又离婚，离婚的原因是他太离不开母亲了。在他60岁时，朋友来访，餐后想喝点酒，问他有酒吗，他嗫嚅不敢作答。他母亲说："孩子，怎么能喝酒！"这个人就是博尔赫斯，他为整整一代伟大的拉美小说家开辟了道路。

大多数有恋母情结的男性和妻子的关系也不是很融洽。跟这样的男人结婚，就容易产生婆媳矛盾，因为不仅婆婆会觉得这个媳妇是外人，他自己也会觉得他和母亲才是一家人，老婆是外人。当婆媳发生矛盾时，有恋母情结的男人往往会对妻子非常不满，甚至痛恨妻子。就算明知道是母亲做得不对，他也不敢违抗母亲。因为软弱和缺乏担当，他也无力解决婆媳之间的矛盾，也许还会更进一步激化婆媳矛盾。

/ 三、爱的传承 /

讲完产生婆媳矛盾的原因，我们根据这些原因思考一下解决办法。

改善中国这一代婆媳关系的艰巨任务主要要靠男人来完成。男人要给女人想要的爱。公公要对婆婆说："老太婆，我爱你，我们两个人好好过，年轻人有年轻人的生活，我们不要过度地干涉他们。"儿子要对老妈说："老妈，我很爱你，但我更爱我老婆，她才是要和我过一辈子的人。"

改善中国下一代婆媳关系的艰巨任务主要要靠女人来完成。每一位年轻的母亲都要谨记：在一个家庭中，亲子关系很重要，但夫妻关系比亲子关系更重要。你只有跟伴侣搞好关系，孩子才能知道如何成长、如何去爱人、如何去建立自己的小家庭。养育孩子的最终目的是让他独立和自由，而不是让他一辈子做男孩。

前段时间，我发了一条广播："一个家庭想培养出心灵健康、思维开放的孩子，不是花许多钱让孩子上培训班，而是经营好夫妻关系。父母相互欣赏、关系亲密、沟通顺畅，家庭氛围良好，孩子更容易学会爱自己、爱别人、有效沟通，内心会有安全感，以后也更容易拥有幸福的婚姻。这就是爱的传承。很多人不懂得爱，是因为他从小未见过爱，也未被爱过。"没想到，这条不到140字的广播有近1250条转发，也许这可以从侧面反映出我们内心对父母相亲相爱的家庭的向往。

我们的家庭最应该给予子女的是让他学会去爱。让他看见父母对他的爱，从这份爱中学习爱自己、爱他人、爱自己的孩子；让他看见父母之间的爱，从这份爱中学习如何与异性恋爱、相处，如何爱自己未来的伴侣。

/ 四、不用闪躲，为喜欢的生活而活 /

年轻人要做的是学会独立。不幸的人各有各的不幸，但幸福的人都是相似的，他们有一个共同点，那就是拥有个人意志。有部电影叫作《恋恋笔记本》，主人公富家女艾丽爱上了木材加工厂的穷小子诺亚。他们爱得真挚又热烈，有争吵也有很多快乐。嫌贫爱富的艾丽妈妈不同意，从中作梗，先是搬家，然后又私藏了诺亚一年的365封来信。

多年过去了，绝望的艾丽遇见了哈蒙德，并与之订婚。哈蒙德一表人才，家世显赫，为人儒雅、有风度、又浪漫，而且真心爱着艾丽。婚礼前一天，艾丽在报纸上看到诺亚站在自己亲手盖的别墅前的照片，就开车去乡下找他，两个人旧情复燃。面对两个爱自己的男人，艾丽难以选择，始终不敢做出选择。诺亚发现，她之所以难以选择，是因为她总是受到他人意志的左右，比如她父母认为她应该嫁给什么样的人，哈蒙德会怎么看待她的选择。艾丽和诺亚两个人为此大声争吵，诺亚说：

Would you stop thinking about what everyone wants?

拜托，你别再想大家要什么了。

Stop thinking about what I want, what he wants, what your parents want.

别再想我要什么、他要什么、你父母要什么。

What do you want?

你要什么?

艾丽最终选择了诺亚，从此，两个人过上了幸福快乐的生活。

What do you want? 无论是工作、婚恋还是其他问题的选择，你都要问问自己：我到底想要什么？我是最重要的。关于自己生活的决定，你可以听取各方意见，考虑各方面的因素，但最后真正做决定的人是你自己。你做出决定，然后为自己的选择负责。

要不要继续自己的爱情，选择和怎样的人一起生活，按照什么标准选择对象，你都要自己去独立思考，去做决定，不要把决定权交给父母，交给朋友，交给不安与后悔，也不要把决定权交给我这个陌生人，只能交给你自己。

要以“我”为标准，而不是以母亲为标准，除非你真打算一辈子跟母亲在一起生活。做孩子的要孝顺父母，但孝顺不是什么事情都必须盲从，而是选择性地顺从，对的顺从，不对的就不必顺从。

人的成长是一个选择做“我”自己的过程。“不用闪躲，为我喜欢的生活而活……我就是我，是颜色不一样的烟火”。只有这个选择是我做的，是遵从我的喜好、我的标准、我的感受、我的利益，是按照我自己的意愿做出的，是我跟随自己的内心和热情做出的，这个选择对我才有意义，我才不会对自己做出的选择感到后悔。

做任何一个选择都要付出相应的代价。一个人做决定，没有百分之百不出错的时候。不做决定虽然百分之百正确，但也是百分之百不幸，因为他丧失了本属于他的自由。只有那些拥有自由意志、敢于做决定的人才配拥有幸福。

最近几年，在各大网站上总会看到“孩子无主见，父母瞎插手，80后离婚率升高”等诸如此类的新闻。据相关统计，上海这几年80后离婚案以每年10%的速度递增。80后离婚案的突出特点是父母插手子女的婚姻，恋爱、结婚、买房、装修、生子……父母都参与其中。

我有个朋友，坦言自己最恨的人就是丈母娘，甚至连杀死丈母娘的心都有，因为丈母娘的搅和，自己和妻子的关系变得很糟。我还有个女性朋友，交了一个各方面都不错的男朋友。因为她母亲逼自己的男朋友将其父母住的老房子卖掉，换成两套居住面积小一点的房子，两个人最终分了手。

所以，年轻人要学习独立，父母则要学习给子女自由的发展空间。

结婚以后，两代人最好分开生活，不要住在一起，这是减少矛盾和摩擦的有效方法。父母与孩子都要做到一种有情感联结的独立——彼此独立但又饱含亲情。做孩子的要独立自主，遇到问题不要老想着靠父母去解决。做父母的也要独立，要给孩子自由，不要插手孩子的生活，也不要要求他（她）花很多时间陪在你身边。陪伴你的是你的伴侣，而不是你的孩子。

有不少家庭产生矛盾的根源是两个年轻人中有一方或者双方都以为自己是与父母一家的，偏袒自己和父母组成的那个家庭，无论是在经济上还是在情感上，都过度给予大家庭支持，从而导致自己的小家庭岌岌可危，濒临解体。每一个进入婚姻殿堂的男女都应该明白，你是先属于自己的小家庭，再属于你与父母组成的那个大家庭，夫妻关系重于亲子关系。这不是自私，不是不孝，而是爱的传承。以后你的孩子长大结婚了，你也要做到这一点，他（她）与伴侣的关系于他（她）而言更重要。

如果是生长在单亲家庭中的子女，除了给自己找对象，不妨也给自己的妈妈找个对象，找不到对象，找个兴趣爱好也是好的。如果老妈没老公就帮她找老公，如果有老公就让她挑剔自己的老公去，不要挑剔你的女朋友（男朋友）。父母们把他们的生活重心放在自己的生活上，而不是整天把目光锁定在子女身上，这是父母独立与自由的表现。独立与自由是一个人一辈子都要学习的事情。最后，祝所有父母与成年的孩子都拥有独立和自由的精神。

[THE END]

有梦的你

不要放纵自己成为日渐平庸的人

//

幸 福 ， 是 每 个 微 小 生 活 愿 望 的 达 成

//

meiya七年写作书单

长篇小说：

《1Q84》［日］村上春树 著，施小炜 译

《斯普特尼克恋人》［日］村上春树 著，林少华 译

《挪威的森林》［日］村上春树 著，林少华 译

《革命之路》［美］理查德·耶茨 著，侯小翊 译

《刀锋》［英］毛姆 著，周熙良 译

《面纱》［英］毛姆 著，阮景林 译

《月亮和六便士》［英］毛姆 著，傅惟慈 译

《百年孤独》［哥伦比亚］加西亚·马尔克斯 著，范晔 译

《霍乱时期的爱情》［哥伦比亚］加西亚·马尔克斯 著，杨玲 译

《不能承受的生命之轻》［捷克］米兰·昆德拉 著，许钧 译

《生活在别处》［捷克］米兰·昆德拉 著，袁筱一 译

《不朽》［捷克］米兰·昆德拉 著，王振孙、郑克鲁 译

《查泰莱夫人的情人》［英］D.H.劳伦斯 著，黑马 译

《包法利夫人》［法］福楼拜 著，张道真 译

许自己一个不那么屌丝的未来

《了不起的盖茨比》［美］弗朗西斯·司各特·菲兹杰拉德 著，李继宏 译

《纯真博物馆》［土耳其］奥尔罕·帕慕克 著，陈竹冰 译

《漫长的告别》［美］雷蒙德·钱德勒 著，卢肖慧 译

《邮差总按两遍铃》［美］詹姆斯·M.凯恩 著，主万 译

《一个人的好天气》［日］青山七惠 著，竺家荣 译

《巴别塔之犬》［美］卡罗琳·帕克丝特 著，何致和 译

《一个女人一生中的二十四小时》［奥地利］斯台芬·茨威格 著，高中甫等 译

《当尼采哭泣》［美］欧文·亚隆 著，侯维之 译

《追风筝的人》［美］卡勒德·胡赛尼 著，李继宏 译

《质数的孤独》［意］保罗·乔尔达诺 著，文铮 译

《爱情生活》［以色列］茨鲁娅·沙莱夫 著，周晓苹 译

《时时刻刻》［美］迈克尔·坎宁安 著，王

慢 慢 地 ， 慢 慢 慢 下 来

家湘 译

《朗读者》［德］本哈德·施林克 著，钱定平 译

《在路上》［美］杰克·凯鲁亚克 著，王永年 译

《小王子》［法］安托万·德·圣埃克苏佩里 著，李继宏 译

《局外人》［法］阿尔贝·加缪 著，柳鸣九 译

《厨房》［日］吉本芭娜娜 著，李萍 译

《香水：一个谋杀犯的故事》［德］帕·聚斯金德 著，李清华 译

《岛》［英］维多利亚·希斯洛普 著，陈新宇 译

中篇/短篇小说：

《羊脂球》［法］莫泊桑 著，汪阳 译

《最初的爱情，最后的仪式》［英］伊恩·麦克尤恩 著，潘帕 译

《十一种孤独》［美］理查德·耶茨 著，陈新宇 译

《雨必落下》［英］米歇尔·法柏 著，冯倩珠 译

《爱情没那么美好》［法］布里吉特·吉罗

Pie
看书
铁板安格
铁板香草
铁板鹅肝配
铁板牛
铁板川香
地中海

著，周小珊 译

《当我们谈论爱情时我们在谈论什么》［美］雷蒙德·卡佛 著，小二 译

《那些忧伤的年轻人》［美］F.S.菲茨杰拉德 著，姜向明、文光、蔡慧 译

《本杰明的奇幻旅程》［美］斯科特·菲茨杰拉德 著，柔之、林惠敏、郑天恩 译

《阿莱夫》［巴西］保罗·柯艾略 著，张晨 译

《南极 北极：世界的尽头，一切的开始》［新西兰］邓肯·贝奈特 著，程静 译

随笔散文集：

《瓦尔登湖》［美］亨利·梭罗 著，田伟华 译

《幸福之路》［英］罗素 著，刘勃 译

《万物有灵且美》［英］吉米·哈利 著，

种衍伦 译

《孤独六讲》蒋勋 著

《沉重的肉身》刘小枫 著

《这些人，那些事》吴念真 著

《我的阿勒泰》李娟 著

《带一本书去巴黎》林达 著

《爱你就像爱生命》王小波 著

大多数人努力程度之低，根本轮不到拼天赋

//

心理自助/励志：

《意志力：关于专注、自控与效率的心理学》［美］罗伊·鲍迈斯特、约翰·蒂尔尼 著，丁丹 译

《真实的幸福》［美］马丁·塞利格曼 著，洪兰 译

《少有人走的路》［美］M.斯科特·派克 著，于海生 译

《一万小时天才理论》［美］丹尼尔·科伊尔 著，张科丽 译

《必要的丧失》［美］朱迪思·维奥斯特 著，吴春玲、江滨 译

其他：

《一间自己的房间》［英］弗吉尼亚·伍尔夫 著，贾辉丰 译

《第二性》［法］西蒙娜·德·波伏瓦 著，郑克鲁 译

《写作这回事》［美］斯蒂芬·金著，张坤译

《巴黎评论·作家访谈 I 》美国《巴黎评论》编辑部 著，黄昱宁 等译

《当我谈跑步时，我谈些什么》［日］村上春树 著，施小炜 译

爱 是 想 触 碰 又 收 回 手

meiya七年写作影单

《美国丽人》

《偶然与巧合》

《英国病人》

《冷山》

《黑暗中的舞者》

《飞越疯人院》

《这个杀手不太冷》

《霸王别姬》

《革命之路》

《罗马假日》

《蒂凡尼的早餐》

《廊桥遗梦》

《白日美人》

《窈窕淑女》

《布拉格之恋》

《泰坦尼克号》

《西雅图夜未眠》

《触不可及》

《肖申克的救赎》

《菊次郎的夏天》

《走出非洲》

《燃情岁月》

没有伞的孩子要拼命奔跑

《赎罪》

《充气娃娃之恋》

《闪亮的风采》

《搏击俱乐部》

《心灵捕手》

《美丽心灵》

《三傻大闹宝莱坞》

《爱在黎明破晓前》

《爱在日落黄昏时》

《爱在午夜降临前》

《午夜巴黎》

《巴黎，我爱你》

《美丽人生》

《暖暖内含光》

《饮食男女》

《色戒》

《少年派的奇幻漂流》

《国王的演讲》

《沉默的羔羊》

《尽善尽美》

《从心开始》

《本能》

《爱情重伤》

你值得拥有最好的一切

Poker Monday
cash game
from 20:30
untill...
ERDINGER
WEISSBRAU
EVNGO
mok
Guest House

《罗生门》

《换子疑云》

《神秘河》

《自闭历程》

《八美图》

《罗拉快跑》

《天堂电影院》

《万箭穿心》

《蓝色茉莉》

《登堂入室》

《妙笔生花》

《辩护人》

《熔炉》

《素媛》

《海上钢琴师》

《和莎莫的500天》

《迷失东京》

《她》

《龙猫》

《千与千寻》

《飞屋环游记》

《机器人总动员》